U0512351

当代经济学系列丛书

Contemporary Economics Series

陈昕 主编

当代经济学译库

Augusto Graziani

The Monetary Theory of Production

货币生产理论

［意］奥古斯都·格雷泽尼 著

张明海 译

格致出版社

上海三联书店

上海人民出版社

主编的话

上世纪 80 年代，为了全面地、系统地反映当代经济学的全貌及其进程，总结与挖掘当代经济学已有的和潜在的成果，展示当代经济学新的发展方向，我们决定出版"当代经济学系列丛书"。

"当代经济学系列丛书"是大型的、高层次的、综合性的经济学术理论丛书。它包括三个子系列：（1）当代经济学文库；（2）当代经济学译库；（3）当代经济学教学参考书系。本丛书在学科领域方面，不仅着眼于各传统经济学科的新成果，更注重经济学前沿学科、边缘学科和综合学科的新成就；在选题的采择上，广泛联系海内外学者，努力开掘学术功力深厚、思想新颖独到、作品水平拔尖的著作。"文库"力求达到中国经济学界当前的最高水平；"译库"翻译当代经济学的名人名著；"教学参考书系"主要出版国内外著名高等院校最新的经济学通用教材。

20 多年过去了，本丛书先后出版了 200 多种著作，在很大程度上推动了中国经济学的现代化和国际标准化。这主要体现在两个方面：一是从研究范围、研究内容、研究方法、分析技术等方面完成了中国经济学从传统向现代的转轨；二是培养了整整一代青年经济学人，如今他们大都成长为中国第一线的经济学家，活跃在国内外的学术舞台上。

为了进一步推动中国经济学的发展，我们将继续引进翻译出版国际上经济学的最新研究成果，加强中国经济学家与世界各国经济学家之间的交流；同时，我们更鼓励中国经济学家创建自己的理论体系，在自主的理论框架内消化和吸收世界上最优秀的理论成果，并把它放到中国经济改革发展的实践中进行筛选和检验，进而寻找属于中国的又面向未来世界的经济制度和经济理论，使中国经济学真正立足于世界经济学之林。

我们渴望经济学家支持我们的追求；我们和经济学家一起瞻望中国经济学的未来。

2014 年 1 月 1 日

推荐序

这是一本关于货币循环的经济学著作。货币和货币循环这个话题在欧洲大陆可以说是一个历史悠久且相对复杂的问题,甚至在意大利和法国的一些大学成为一个令经济学家着迷的研究领域。

无论是在古典经济学的时代,还是到了凯恩斯的时代,甚至一直到所谓的后凯恩斯的时代,货币、利息、利润、资本等话题常常还在一些经济学家那里成为终身研究的领域。这些话题扑朔迷离,是因为两百多年来经济学的文献事实上对货币的认识和对货币在经济流量循环中产生的复杂而有趣的现象还未能给出清楚的说明,留下了很多谜团尚待揭示。

上世纪中叶,主要在意大利和法国,有一批经济学家专注于这方面的研究,逐步形成了一个学术流派。本书作者格雷泽尼就是这个流派的先锋人物。他在意大利那不勒斯大学教书,所以有时候这个学派也叫意大利货币循环学派。但可能因为语言的限制,他们的研究最初的影响范围还比较小,无法进入美国和英国主导的主流经济学的世界,直到三十年前,货币循环学派的思想开始逐步超越了欧洲大陆的边界,跟英美的后凯恩斯主义宏观经济学的流派接触和碰撞,从而有了进一步的发展。

作为经济学的流派，货币循环的思潮属于非主流的宏观经济学的范畴。该流派讨论的问题虽然也涉及理解宏观经济运行所需的那些基本概念，但使用的分析方法和构建的概念框架跟主流的宏观经济学是完全不同的。在货币循环学派看来，要更好地理解宏观经济的运行，最简单的视角就是货币循环。但货币是如何循环的？似乎经济学并没有说清楚，尤其是凯恩斯主义的宏观经济学没有说清楚。正如本书作者格雷泽尼所说的，只要企业在工资支付中事实上使用了投资工具，就会产生贷款，所以是贷款创造存款，而不是主流宏观经济学所说的存款创造贷款。任何贷款都将在某个地方（甚至常常就是同一家银行）产生等量存款，除非工资收入者选择将其收入以现金形式持有。贷款创造货币，企业向工资收入者销售产品，用售款还贷，货币毁灭。难题是存在企业要支付贷款利息的情况，而企业售款能得到的货币最多不过是其支付的工资，这能毁灭掉全部期初新增创造的货币，但付利息的现金从哪里来？企业如何获得货币利润？

格雷泽尼的《货币生产理论》就是围绕货币这个核心来构造的货币循环理论的一本书。说起来，这个书名跟英国经济学家凯恩斯 1933 年的一篇文章的题目同名。凯恩斯在那篇文章中批评了古典经济学家们关于货币中性的看法，认为货币在宏观经济运行中发挥关键的角色，能够影响家庭和企业的决策，具有生产性，因此，理解货币在宏观经济中的角色对于认识经济的运行和动态演变非常重要。但凯恩斯并没有深入研究这个问题。正是因为这样，本书作者格雷泽尼认为，凯恩斯对货币循环的认识值得发扬光大，于是他不仅倡导从货币循环来研究宏观经济的思路，而且索性在 2003 年选择以凯恩斯的文章题目"货币生产理论"作为他的这本著作的名字。今天这本书终于被张明海翻译成了中文，使得我们可以通过这本书理解意大利货币循环学派的主要代表人物的学术思想和货币循环学派的主要理论框架。

本书译者张明海上世纪 80 年代末在复旦大学经济学院攻读宋承先教授的硕士学位。若干年后，宋先生因身体原因无法再给予指导，推荐我担任明海的博士导师。他选择将中国经济增长研究作为博士论文的主题。我还记得我和同行对他的博士论文的质量给予了相当高的评价。但他后来没有继续留在学术界。不过他对经济思想的兴趣依然不减。他经常阅读西方经济思想的相关文献和著作，这使得他对很多当代问题的看法常常能从学术思想的发展角度来展开。他也利用业余时间把自己感兴趣的国外重要经济思潮的有关著作翻译成中文,介绍给更多的读者。

我阅读了这本书的全文,中文翻译得相当好,文字流畅,对原文的理解和把握是准确的,这是因为他自己对这些问题多有深入思考。而且我注意到,为了翻译好这部著作,他还参阅了不少国内外学者对意大利货币循环学派的评述文章,甚至还阅读了国内一些以后凯恩斯主义宏观经济学为研究对象的博士论文。这些工作无疑加深了他对本书的理解,也对翻译质量有重要贡献。

应该说,研究货币这个主题的书,过去三十年在国内学术界已经不多见了。这样的书在上世纪 80 年代是很受学术界关注的。那时候在大学里,包括像我这样还在读书的学生,对古典经济学和凯恩斯那一代的学术思想一定是兴趣浓厚的,甚至很多研究生和博士生选择以西方的学术思潮作为学位论文的选题。我记得那时候在复旦大学经济学院,我们西方经济学专业的博士生都会选择某个西方的经济学家或学术思想作为学位论文的研究对象,就我知道的情况而言,卡莱茨基、斯拉法、费尔德斯坦等的学术思想常常成为一些博士生的研究对象。

随着过去三十年中国经济学界学术发展阶段的演变,年轻一代经济学人对数理分析技术和计量实证方法的掌握也日臻成熟和普及,这时候经济学界对思想和思潮的关注度再度回升,思想与思潮越来越受到重视。我想这是必然的,特别是当我们开始意识到学术的发展需要有其思想源泉和根基的时候,年轻一代经济学人也会在学术生涯中高度关注并追求经济思想的来源,厘清其发展演变的轨迹,尤其在宏观经济学领域。希望本书的出版能帮助更多的学者看到学术思潮的形成和流派建设对于推动经济学作为整体科学的进展会发挥什么作用。

张　军

2024 年 5 月 13 日于澳门大学

译者的话

一

奥古斯都·格雷泽尼（Augusto Graziani, 1933 年 5 月—2014 年 1 月），出生于意大利那不勒斯一个有学术和艺术氛围的犹太人家庭。[*]祖父老格雷泽尼（Augusto Graziani Sr.）和父亲亚历山德罗（Alessandro Graziani）都是在大学任教的知名经济学学者，特别是老格雷泽尼是推动意大利边际主义革命及边际学派与历史制度学派融合的重要人物，并曾在克罗齐（Benedetto Croce）的"反法西斯知识分子宣言"（Manifesto of the Anti-Fascist Intellectuals, 1925）上签名。

格雷泽尼幼年接受家庭私人教育。直到意大利法西斯政权倒台，他才入学那不勒斯一所著名高中，之后升入那不勒斯腓特烈二世大学（University of Naples Federico II），凭经济学论文获得学位（1955 年）。大学毕业后四年，格雷泽尼游学伦敦经济学院和哈佛大学，师从罗宾斯（Lionel Robbins）、米德（James Meade）、艾伦（Roy Allen）、列昂惕夫（Wassily Leontieff）、杜森贝里

---

[*] 格雷泽尼的生平与学术经历主要参考 Costabile（2015）和 Fontana 等（2015）。

（James Duesenberry）和加尔布雷斯（John Galbraith）等，并与罗森斯坦-罗丹（Paul Rosenstein-Rodan）建立了密切的关系，通过后者，他认识了意大利著名左翼政治家和学者马利奥·罗西-多利亚（Manlio Rossi-Doria）。

1962 年起，格雷泽尼先后在意大利卡塔尼亚大学（University of Catania）、那不勒斯海军研究院（The Istituto Universitario Navale in Naples）*、那不勒斯大学和罗马第一大学（University of Rome La Sapienz）等任政治经济学教授，并在英美法等国家的多所著名大学任客座教授，任林琴科学院（Accademia dei Lincei，即意大利科学院）和都灵科学院（Turin Academy of Sciences）院士、意大利经济学会（Società Italiana degli Economisti）主席（1998—2001 年）、《经济研究》（Studi Economici）期刊主编（1973—1989 年）和许多重要国际学术期刊顾委。

在政治社会事务上，1968 年格雷泽尼加入著名的波蒂奇研究中心（Portici Centre，由罗西-多利亚主持），1993—1994 年出任意大利议会左翼民主党（前身是共产党）参议员。他是两家金融机构的董事。这些任职深刻影响了他的金融与发展理论和政策研究。

格雷泽尼还是有造诣的小提琴手；育有两个女儿。

二

格雷泽尼的学术成就集中在经济理论、应用经济学和经济思想史三个方面，著有《开放经济的发展》（Lo sviluppo di un'economia aperta，1969 年，经济发展应用研究文集）、《经济理论》（Teoria economica，两卷本，2002 年第 4 版）和《货币生产理论》（Monetary Theory of Production，2003 年）。

他有很强的主流经济学和新古典经济学背景。20 世纪 50—70 年代，他的研究集中在一般均衡理论上，但最终对这个理论形成了批判的立场（Costabile, 2015）。例如，他认为，如果资产多时期使用，同种资产在形成时期和成本上的差异将导致生产剩余（租）的差异，而不能保证利润率相等，即使资

---

* 那不勒斯海军研究院是现在那不勒斯帕萨诺普大学（The University of Naples "Parthenope"）的前身。

产价格相等。因此,一般均衡只有在资产同时期形成和单期使用的假设下才能成立。他从这里转向了更具现实性的资本货币制度、发展动态和结构变化等研究,结果之一是《开放经济的发展》,这部著作放弃要素禀赋和成本决定的静态理论,并提出了出口拉动、地区二元结构和生产消费二元结构等发展增长动态理论和模型(类似缪尔达尔的"因果循环累积"过程),强调经济部门利润率差异所产生的资源转移和发展动力作用。格雷泽尼后来还把内生增长和结构变化融入动态一般均衡模型(Pomini, 2016)。

格雷泽尼非常关注现实经济及相关的政策问题,论题覆盖技术和生产力变化、部门和阶级冲突、地区发展和财政、欧洲货币联盟(EMU)和欧元区等方面。例如,他认为,20 世纪 80—90 年代意大利公共债务与 GDP 比率的翻倍,在根本上是通过资本流入为贸易赤字融资而引发债务成本上升的结构问题,应对办法不是财政紧缩,进一步地,落后经济也不可能靠削减劳动力等成本在世界市场(对意大利来说是欧洲统一市场)立足,而应该以扩张性公共投资和产业政策,提升国家产业竞争力。格雷泽尼预见了 EMU 和欧元的不稳定。

三

《货币生产理论》是格雷泽尼最重要的著作。与许多主流经济学货币理论重点研究流动性余额不同,这本书阐述的理论强调货币作为支付手段的创造-流转-毁灭全部过程,分析货币在生产部门之间循环流转,而对生产结构、收入分配、投资和金融、经济周期等产生的决定作用。格雷泽尼称这个理论是货币循环理论或货币生产理论。

格雷泽尼讨论货币过程的三个阶段。**首先是货币创造阶段。**企业形成生产计划;重要的是,企业只有在银行认可这个计划并发放期初融资后,才能启动生产过程。这些银行期初贷款(与向政府申请的贷款等一起)也是后续存款或流动性的前提。由此,格雷泽尼坚持认为贷款先于存款,信贷创造货币。企业以贷款预付工资购买劳动(生产资料最后归并为劳动);工资作为收入分配,不是按边际贡献原则在生产后进行的,而是一种马克思等古典经济学强调的预付资本。但预付工资的实际购买力由企业决定,因为企业有银行信贷支持,凭对居民的绝对购买力优势而对消费品和资本品的生产结构与收入分配结构有决定权。这也否定了消费者主权及其背后的"货币中性""货币面纱"观点。**其次是货币流转阶段,**包括生产过程中三个相继而起的货币阶段:居民(工人)接受工资支付从事消费品和资本品生产;居民(消费者)用工资购买消费品;居民(储蓄者)以工资消费剩余主动或被迫储蓄,表现为与期初融资不同的期末投资融资。因此,投资由储蓄融资,两者形成的是恒等关系,而非受利率调节的条件均衡关系。利率及利率结构只调节投资储蓄的形式与企业和银行的利润划分。**最后是货币毁灭阶段。**企业以消费品销售和证券发行收入偿还银行期初融资,结束这部分货币的周转,毁灭相应的货币。未偿期初融资部分作为储蓄,对应于货币余额和债务存量,也成为下一轮生产过程的期初金融余额。于是生产过程从货币开始,到货币结束;货币是经济的动力,也是目标。当然,格雷泽尼在这里碰到了一个重要问题,利润和贷款利息货币来源的"利润利息悖论"[齐泽后来为这个问题提供了较好的解决方案(Gennaro Zezza, 2012)]。

格雷泽尼这本书里的分析在思想背景上有三个意义。一是坚持了宏观经济的视角。格雷泽尼把经济归并为生产企业、银行、居民(工人、消费者和储蓄者)等部门(还可增加或细分出政府、中央银行和商业银行等),这使他可以更加重视经济的宏观基础问题,而不是致力于建立微观基础(Cingolani, 2016)。二是引入宏观会计准则,这是部门之间流入流出和存量流量一致分析的切入口。虽然这本书并没有展开这方面的分析。三是将货币周转融合进了生产过程,使实体经济分析与货币经济分析统一,为克服主流经济分析中或明或暗的"两分法"做法创造了条件。同时,这些分析直接关系到收入分配、通胀、资本市场和利率、税收和货币政策等宏观经济现实问题,形成了许多不同于主流经济学而有启发性的政策观点。

四

格雷泽尼与马克思、熊彼特和凯恩斯有很深的思想渊源。货币生产理论的循环形式很接近于马克思货币资本循环 M—C—M′;宏观利润形成于横跨企业和居民部门的货币生产,而不是企业部门的内部交换,具有宏观货币形式的劳动价值论的特点(Bellofiore,2013)。同时,货币循环也有熊彼特经济周期发展和创新循环流转的思想痕迹。但总的来说,格雷泽尼的理论主要是一种后凯恩斯宏观经济学,直接继承的是凯恩斯思想,而有别于新古典综合、新古典、新凯恩斯和新奥地利等的非主流经济学。"货币生产理论"的说法本身就来自于《货币论》(1930),凯恩斯在解释《通论》时也曾提到过这个概念。凯恩斯有一篇题为《货币生产理论》(1933)的文章。他认为,货币生产理论研究长期和短期货币经济过程中的货币行为和变化;所谓货币经济是指,企业家追求的最好和最终的回报是货币本身,不是商品效用。货币不只是交易的中介,更重要的是生产经济的现实操作性要素,直接影响生产动机和决策。* 凯恩斯提出,有效需求决定生产企业"融资动机";期初融资启动生产过程,实际支付形成与产品(或固定资产)对应的收入;期初收入就是投资(储蓄),随后这个收入逐步经过消费扣减,期末剩余自动成为储蓄(投资),而未被预期的投资或储蓄,计入利润或亏损,这种"事后"连接法则保证了投资储蓄的恒等。但是,凯恩斯的《通论》并没有展开这个思路,是格雷泽尼重拾了这个思路,并做了进一步比较清晰的阐述和发展。

在过去 30—40 年里,格雷泽尼与后凯恩斯主义有一个合流的过程。1986 年,格雷泽尼的学生齐泽到剑桥成为后凯恩斯经济学家戈德莱(Wynne Godley,1926—2010 年)的研究助理。他发现戈德莱的存量流量一致理论与格雷泽尼的思想有许多相通之处,而把格雷泽尼的思想介绍到了英国。20 世纪 90 年代中期,戈德莱和齐泽加入美国巴德学院利维经济研究所(Levy Economics Institute)并开始了与加拿大渥太华大学的长期合作,又把这些思

---

* 凯恩斯区分了三种经济形式:实际工资或合作的经济、货币中性的企业家经济和货币工资-企业家经济。第一种实际上是物物交换经济,生产要素按边际产出贡献取得回报;第二种经济中,企业家用货币支付实际工资雇佣劳动力,存在的生产要素货币的回报份额相当于合作经济中边际贡献的份额,货币只是中性的交易中介,经济实质上仍然是"物物交换"经济;第三种货币工资-企业家经济是现代经济形式,是真正的货币经济,其中企业家以货币雇佣劳动力等要素,但并没有保证货币收入等于边际贡献的机制。凯恩斯认为只有在这种经济中才会有有效需求的整体波动,并成为这种经济形式的特征。这是本书第 3 章格雷泽尼关于货币经济的思想来源。

想传到了北美,启发了马克·拉沃(Marc Lavoie)等人(Lavoie,2011),使货币生产理论成为后凯恩斯货币经济学重要学说。货币生产理论在与戈德莱等人的理论合流后,研究从单一生产周期的静态分析拓展到了多重生产周期的动态分析,如 Godley(2004);有的研究把生产融资周期上下延伸成更完整的金融周期,并细化金融部门和投资储蓄形式,分析范围从货币存量余额拓展到了金融资产和债务,形成了对"影子银行""债务""金融化"等当代经济问题的研究方法(Sawyer,2016;Sawyer et al.,2017)。

五

几年前,我曾希望能以某种正规的学术方式,重读凯恩斯,思考一两个长期被争论的理论和政策问题。但后来发现,这个看似不大的目标也仍然受到了许多限制。于是,我想找一个更小的切口,做一些力所能及的事。当时现代货币理论(MMT)开始引起注意,我正好遇见格雷泽尼的这本《货币生产理论》。虽然前面说的融合和发展已使货币生产理论蔚为大观,但是,我觉得这本书仍有独特的价值:简明扼要,对一些争论的问题都有所交代,而且保持了其理论最初的锋芒,尚未有在理论和实际时空穿梭后的各种迁就和调整。这是翻译这本书的缘起。

现在拙译可以出版了。我感谢博士导师张军教授,他一如以往,给了我许多关心和指导,并向出版社热心推荐这本书。同时,我也感谢上海人民出版社钱敏、格致出版社程倩和姚皓涵等编辑的辛苦工作,是她们在各种周折中的耐心和坚持,特别是对版权等烦琐事项的沟通处理与对译稿细致和专业的编辑工作,最后促成了这本书的出版。

张明海

参考文献

Bellofiore, R., 2013, "A heterodox structural Keynesian: honouring Augusto

Graziani", *Review of Keynesian Economics*, Vol.1, No.4.

Cingolani, M., 2016, "Augusto Graziani's equilibrio generale ed equilibrio macro-economico: a key milestone in a long journey out of the neoclassical main-stream", *Review of Keynesian Economics*, Vol.4(3).

Costabile, L., 2015, "Augusto Graziani: theoretician, applied economist, historian of economic thought—an appraisal", *Italian Economic Journal*, No.1.

Fontana, G. and Realfonzo, R., 2015, "Augusto Graziani, a leading Italian post Keynesian economist", *History of Economic Ideas*, Vol.23, No.1.

Godley, W., 2004, "Weaving cloth from Graziani's thread: endogenous theory in a simple(but complete) Keynesian model", in Arena, R. et al.(eds.), *Money, Credit and the Role of the State: Essays in Honour of Augusto Graziani*, Athenaeum, 2004.

Lavoie, M., 2011, "Wynne Godley's monetary circuit or why did I get along with Wynne", Available at: https://www. levyinstitute. org/conferences/godley2020/lavoie.pdf(Accessed: November 2, 2023).

Pomini, M., 2016, "Augusto Graziani and general economic equilibrium: from statics to dynamics", *Review of Keynesian Economics*, Vol.4(3).

Sawyer, M. 2016, "Graziani's analysis of the circuit: does it extend to the era of financialisation?", *Review of Keynesian Economics*, Vol.4, No.3.

Sawyer, M. and Passarella, M., 2017, "The monetary circuit in the age of financialisation: a stock-flow consistent model with a twofold banking sector", *Metroeconomica*, 68:2.

Zezza, G., 2012, "Godley and Graziani: stock-flow-consistent mone-tary circuits", in Papadimitriou, D.(ed.), *Contributions in Stock-flow Modeling*, Palgrave Macmillan.

致　谢

　　本书以 1998 年 12 月我在罗马第一大学经济系的两个讲座［纪念费德里科·卡菲（Federico Caffè）的年度系列讲座*］为基础，并对讲座内容进行扩充和修订而形成。整理这些观点最初所形成的文稿，在 1989 年的"泰晤士政治经济论文系列"（Thames Papers in Political Economy series），以《货币循环论》（"The Theory of the Monetary Circuit"）为题发表；1994 年意大利文扩充版以"La teoria monetaria della produzione"为题，由阿雷佐的特鲁里亚大众银行（Banca popolare dell'Etruria）出版。

　　谨向罗马第一大学经济系致以谢意。特别感谢我的同事多梅尼科·陶萨托（Domenico Tosato）和马里奥·迪贝利（Mario Tiberi）邀请我做这些讲座。我对菲利普·阿瑞斯蒂斯（Philip Arestis）在编辑"泰晤士政治经济论文"期间所做的工作也深表感谢，是他在 1988 年最早鼓励我撰写有关货币循环论的论文并投稿的。

罗马，2002 年 5 月

---

* 费德里科·卡菲年度系列讲座是为纪念费德里科·卡菲而发起的，由卡菲在 1959—1987 年期间任职的罗马大学公共经济学系与他长期担任顾问工作的意大利银行合作举办。公开出版这个讲座的内容，是为了向经济学专业的前沿学者与感兴趣的普通读者，提供一个反思不同时代经济和社会紧迫问题的渠道。

CONTENTS

目　录

主编的话
推荐序
译者的话
致谢

1
导　论

1.1　货币循环论

最近 20 年,主要由于法国和意大利经济学家的研究,形成了一种新的宏观货币理论,即"货币循环论"(theory of the monetary circuit)或"循环论"(the circulation approach)(Deleplace and Nell,1996)。这个理论的基本信条可以归纳为三个观点:第一,严格区分银行和企业;第二,内生货币存量;第三,摒弃边际分配理论。①

早期瑞典和德国文献中的循环论

如果严格按照时间顺序,货币循环论的最早论述可以在魏克赛尔(Wicksell)的《利息与价格》中找到。②

魏克赛尔深刻影响了有悠久货币和银行研究传统的奥地利和德国经济学。③首次提出"循环"概念的是法国经济学家,这个概念在德语中翻译成 kreislauf,被用来描述货币和商品循环流转(Schumpeter,1934[1911],第 1 章)。

奈瑟(Neisser)有两本研究货币循环的著作,前一部详细论述银行和企业关系(Neisser,1928);后一部具体分析企业之间和企业-工资收入者之间的循环(Neisser,1931)。凯恩斯的《货币论》中曾关注过约翰森(N. Johannsen,著名的业余研究者)化名出版的《货币循环》(*The Circuit of Money*)(Keynes,1971[1930],第 27 章;J.J.O. Lahn,1903),这本书详细讨论货币周转,其中的分析部分被收入 Hagemann 和 Ruhl(1987)中。Schmitt 和 Greppi(1996)对德国 20 世纪 30 年代至 60 年代有关货币循环流转的研究也有过深入讨论。

近年来在柏林,里斯(Hajo Riese)主导形成的"货币凯恩斯主义学派"(School of Monetary Keynesianism)推动了循环论在德国的复兴。柏林学派否定边际分配理论,认为市场机制是一种货币循环过程,货币是一种制度实体,而不是市场的自发产物(Lüken Klassen,1998;Riese,1998)。

法国的循环论

勒波瓦(Jacques Le Boueva)从许多方面来说都是法国循环论的先驱。他首次清晰地提出了货币循环和货币创造毁灭过程的理论,他把这两者看作是一种内生现象[Le Bourva,1962;这篇文章的重印版本中增加了拉沃(Marc Lavoie)的评论(Lavoie,1992)]。

近年来,法国主要有三个学派在推动循环论的复兴和发展。首先是施密特(Bernard Schmitt)牵头的第戎学派(Dijon school)。施密特从原理精确地表述了这个理论,定义了一些术语,并且一直在研究中使用这些理论和术语。施密特不仅做理论分析,也较多地研究了国际支付和发展中国家的问题,并以这些研究检验他个人的理论观点(Schmitt,1972)。

帕尔盖(Alain Parguez)长期主编"货币和生产"丛书(Monnaie et Production,1984—1996 年由巴黎 ISMEA 出版),聚集了一批为之撰稿的各国学者,以此形成了第二个学派。法国与盎格鲁-撒克逊国家的循环论者之间唯一的实际国际联系,是因为出版这套丛书而形成的。帕尔盖的团队与加拿大法语地区的学者之间有紧密的联系,后者包括渥太华大学的拉沃和斯卡里秋(Mario Seccareccia)等著名经济学家,拉沃是最早对循环论及其主要作者的研究做出评价的学者之一(Lavoie,1987)。帕尔盖团队的研究并不执着于概念和术语的含义,而主要关注发达国家的现实经济政策问题,这是与施密特的一贯做法不同的地方。在法国和加拿大法语地区的循环论者中,帕尔盖和拉沃与后凯恩斯主义最接近[Parguez,1975,1984;拉沃著有《后凯恩斯主义经济分析基础》(*Foundations of Post-Keynesian Economic Analysis*,1993)]。

第三个学派是波隆(François Poulon)的波尔多(Bordeaux)学派,主要活跃于20世纪80年代。波隆从循环论基本概念出发,致力于构建一个完整的宏观经济模型。在法国循环论经济学家中,只有波隆提供了完整的宏观经济学著作(Poulon,1982)。

意大利的循环论

在意大利的循环论先驱中,特别要提到的是赛洛斯·拉比尼(Paolo Sylos Labini)。他的观点与意大利的主流经济学不同,坚持认为货币存量是内生的,是银行对企业信贷需求做出反应而进行货币创造的结果(Sylos Labini,1948)。近年来,这个学派在意大利学者中引起了广泛的兴趣。Graziani(1989)对循环论有详细的分析,Messori(1985)也提出了一个典型的循环论分析研究。

盎格鲁-撒克逊国家的循环论

在20世纪30年代,盎格鲁-撒克逊国家的"高理论"(high theory)中有许多类似循环论的内容。货币循环分析与凯恩斯的研究——特别是《货币论》(1930)及1937—1939年间受《通论》启发的那些文章——在实质上是完全相同的。Graziani(1991)对此有过详细的讨论。琼·罗宾逊(Joan Robinson)的《资本积累论》中某一尚未被重视的章节[Robinson,1956:25,"货币的意义"("The Meaning of Money")]和一些其他现代盎格鲁-撒克逊经济学家也使用了类似的方法（Dillard，1980；Godley and Cripps，1981；Godley，1990；Wray，1993）。另外，Eboli（1991）也是沿着这个传统的。

1.2　理论的变迁

初级的货币理论都认为，货币除了作为用于衡量价格水平的价值尺度，还有两个主要功能。一个是交易媒介的功能。因为现代经济的支付几乎都是使用货币进行的，物物交换实际上已经不存在了。另一个是财富形式的功能。任何人都能以流动性余额的形式持有自己的部分或全部财富，以等待建立最大盈利的财富配置的时机。

货币作为交易媒介，是一个比较古老和直观的货币观念。事实上，在一般人的想象中，货币不过是能使人购买商品的手段。一般认为，如果把货币作为一种闲置的余额持有，而不在市场上花费出去，那么，这只是实现了一种与当下不确定性相关的暂时性目标；经济行动者除非是在等待使用货币自然功能（即购买实际商品）的时机，否则，他不会保持这个状态。

货币作为交易媒介是经济思想史上最早出现的观念。斯密解释了货币的使用是如何因劳动分工和市场应对物物交换可能产生的实际问题，自发反应而发生的。斯密讲了一个很长的原始货币故事，最后总结说，"货币正是以这种形式，在所有文明开化的民族里成为了一般商业工具；在它的干预下，各种商品才得以买卖和交易"（Smith，1993[1776]，第1篇第4章：34）。同样，穆勒（Stuart Mill）说，货币是"中介，不同社会成员以此分配其收入；也是尺度，社会成员以此衡量其财富"（Mill，1909[1848]，第3卷第7章第3节：487）。

如果货币仅仅是交易媒介，并且，根据一般均衡理论假设，每个人都严格遵守预算平衡（保持购买和出售的商品/服务在价值上相等），最后结果将是,所有人购买的东西都将以出售实际商品/服务所提供的手段进行支付(由此,持这种观点的经济学家坚持认为,正确的理解是:货币虽然是交易媒介,但其本身不是支付手段)。市场机制作为整体,实质上表现为一种普遍的物物交换,货币中介使之更加便利;这个实质可能因"货币面纱"而变得模糊,但实质不可能有所改变。④

门格尔(Carl Menger)坚定地主张把货币定义为交换媒介,认为货币是市场自发选择的产物。根据他对货币起源历史的叙述,在市场上交易的全部商品中,有一种商品因为其数量稀缺、持久耐用、易于携带的特点而浮现出来。⑤渐渐地,所有经济行动者为获得其他商品而开始希望持有这种专门作为支付手段的商品;结果是,这种商品最后成为了所有交易的一般媒介。在门格尔看来,纸币是(也应该是)金属货币的代表,后者才是唯一真实可靠的货币。

货币只是交易媒介的观念虽然在直觉层面上是很充分的,但是,这种观念最终还是被抛弃了。这是因为有两个严重的分析上的问题:第一个问题是如何才能正确地定义货币效用;第二个问题是把货币本身看作是可观察变量的可能性。这两个方面值得仔细讨论。

在19、20世纪之交,发生过一场有关如何正确定义货币效用的争论,这是效用价值论成为主流理论的一个结果。当时根据这个主流理论,商品价值是由边际效用决定的。货币被认为不可以直接消费,不是直接效用的来源,而只是获得其他商品的工具。因此,货币效用被定义为一种间接效用,通过特定货币存量可以购买到的一组商品的效用决定。维塞尔(von Wieser)和庞巴维克(Bohm-Bawerk)提出过这个观点,潘塔莱奥尼(Maffeo Pantaleoni)的《纯粹经济学》(*Pure Economics*)对此作了严密的阐述。潘塔莱奥尼在引入货币分析时,写道:"[货币]在绝对意义上可能没有直接效用……我们越是把某种特别的商品用作货币,这种商品就越是没有直接效用,而它在实质上就越成为货币……货币只有间接效用,由其作为独特的交易手段而使我们获得某种直接商品的能力所组成。"(Pantaleoni,1898:221)最后,米塞斯(Ludwig von Mises)在1912

年的《货币理论》中形成了与之相似的原理:"在货币的主观使用价值和主观交换价值相遇的情况下……主观货币价值总是取决于以货币作交换可以得到的其他经济商品的主观价值。"(von Mises,1934[1912]:97,98)

但是,黑尔费里希(Helfferich)评论道,单位货币能购买到的商品数量取决于货币价格水平,从而取决于货币的交换价值。因此,为了衡量货币的效用和价值,我们应当已知晓货币的价值。这样,问题显然进入了循环论证[Helfferich,1919;熊彼特详细讨论了这个问题(Schumpeter,1954,第4卷第8章,1086—1091)]。

事实上,米塞斯自己也很清楚这个问题,他想迂回地将其解决。米塞斯尝试把个人实验(individual experiments)和市场实验(market experiments)区分开来,这个区分后来被经常用到(Patinkin,1965,数学附录n.1)。个人进入市场时并不知道市场的通行价格。这不能阻止其形成行动策略(需求或供给计划),也不能阻止其把拟购买或出售的数量作为所有可能价格的函数。消费者在刚进入市场时决定的只是他们的需求函数(价格只表现为其参数),并非就是其实际购买的数量(这一数量只有知道了通行价格后才能决定)。根据不同可能的价格组合,货币有不同的购买力,因而有不同的效用。个人对出现任何可能的价格组合和任何可能的货币价值都有准备。个人不知道价格的实际水平,但通过把价格看作参数,他们认为自己的货币余额所具有的边际效用取决于各种商品通行价格的组合。在事先形成的计划基础上,个人开始谈判,以此推动均衡价格的确定。一旦每个市场上使需求和供给相等的价格形成,谈判过程就会结束,每个市场参与者由此都知道了均衡价格,货币的边际效用也确定了。交易价格和数量之间的互相依赖之所以没有成为一个不确定的问题,靠的正是这个著名的需求理论原理。同样由此,价格和货币价值之间的互相依赖也不会导致循环论证。

不幸的是,米塞斯还想证明,即使在达到市场均衡之前,每个个人也能知道货币效用(von Mises,1934[1912]:97—107),这个想法(肯定是错的)使前面的论述出现了混乱。为了说明个人在知道均衡价格水平之前就能计划其市场策略,米塞斯设想个人在进入市场前就假设现行价格与前一时期的通行价格相等。相同的价格应该能决定货币价值和效用。这样任何一个时期都与前一时期相联系,进而可以回溯到历史最初时期,那时商品货币还是有直接效用的实际商品(尚未被当作货币使用)。由此,货币价值是由黄金作为商品的价值决定的。米塞斯最初的直觉是正确的。但是,他的进一步推理演绎却错了,连他自己都觉得进入了循环论证(Patinkin,1965,附录 D)。

由此开始,货币理论出现了不同的发展路径。更简单的方法似乎是从根本上改造货币理论,而不是把米塞斯的理论修补得更正确一点。这样,一种新出现的观点认为,货币效用不是(从其购买的商品效用中推导出来的)间接效用,而是经济行动者从持有货币中获得的直接效用。根据这个定义,货币的效用并非产生于其花费出去的时候,而是产生于其闲置的时候。如果某个个人对货币的需求只是为了把它花费出去,那么他需求的不是货币,而是商品;真正的货币需求只表现在个人把货币作为流动性余额持有的需求上。

在马歇尔(Alfred Marshall)和魏克赛尔的研究中也可以清晰地看到这种观点的痕迹(Marshall,1975[1870]:166—167;Wicksell,1936[1898],第 6 章 A 节)。施莱辛格(Karl Schlesinger),一个现在几乎被遗忘的经济学家,在他的《货币与信用经济理论》(*Theory of a Money and Credit Economy*,1914)中首次提出了这个理论严格的分析构架。他认为,货币所满足的需求不是对其能购买的实际商品的需求,而是为抵御不确定性而产生的对流动性余额的需求。"我们可以设想,当意外的亏损不能靠贷款来弥补时,要弥补这个亏损,只能把企业卖掉……或者使用为抵抗这种不确定性而持有的现金储备……个人因持有这些现金储备而遭受的不能赚取利息的损失,可以看作是一种风险溢价"(Schlesinger,1914:96—97)。施莱辛格的著作一直没有获得应有的关注,多年来已经被完全遗忘了。

　　沿着这个思路，费雪(Irving Fisher)提出了另一种观点，他写道："……在充满偶然和突然变化的世界里，可快速变卖或保持流动性，是一个很大的优势……在所有财产中，最容易变卖的财产当然是货币，正如门格尔指出的，正是由于这个可变卖性，货币才成其为货币。流动性即是保证不需事先准备就可以处置，拿来进行任何交易的便利性；这种便利性或流动性是对某人以货币形式持有、似乎闲置在那里的资本的充分回报。"[Fisher，1930：215—216；一个类似的说法见 Fisher(1963[1911]：8ff.)]最后，希克斯(J.R. Hicks)在1933年那篇著名的文章中，也清晰地阐述了货币通过抵御不确定性而获得效用，货币效用并非来自把它花费出去，而是来自不把它花费掉。因此，货币需求只在有不确定性的情况下才显示出来；并且，货币需求是对财富存量的要求。希克斯得到的这个结果最终解决了与货币效用定义相关的问题，意味着我们可以认为货币是有直接效用的。希克斯的严密论述首次平息了有关货币效用的争论。

　　第二个与货币作为交易媒介相关的问题，最明显地反映在对现代货币周转的分析之中。

　　现代货币，是以银行信用方法引入市场的纸币。银行系统向某个必须进行支付的经济行动者(如雇佣工人而进行工资支付的生产企业)授予信用。企业一旦支付工资，企业就变成了银行的债务人，工人变成了银行的债权人。这个运作的结果是出现了货币存量，其数量等于银行向企业提供信用的数量。只要企业的债务没有偿清，货币存量就一直存在；债务一旦偿清，货币循环闭合，同时也毁灭了开始时创造出来的货币。

　　假设存在一个没有不确定性、居民都是完全理性行动者的世界。在这个世界中，任何行动者只有在他必须进行支付时才去借债。同样地，任何行动者收到货币支付后，都希望马上去购买商品或证券而花费掉货币。这两种花费都使货币回流到企业，企业也立即向银行偿还债务。在没有不确定性和没有摩擦的想象世界中，这些阶段没有时滞性地相继出现,即货币被创造出来、从一个行动者向另一个行动者转移,以及被毁灭,都在同一瞬间完成。如果是这种情况,货币将不再表现为可观察的数量。这从而形成了一个关于货币经济的悖论:货币经济是这样一种经济,货币在定义上是交易所必需的,但它在任何观察和可能的测度手段之外。如果所有行动者都像萨伊(J.B. Say)设想的那样行动,即一旦收到货币就如数花费掉,货币流动速度就将是无限的,货币在其刚创造出来时就已经被毁灭了;因此,在任何给定时刻对现有货币存量尝试的任何测量,结果都将是 0。矛盾的是,在这个想象中浮现出了一个不存在货币的货币经济系统(这种货币经济系统排除物物交换的可能性,并且所有支付都以货币作为规范调节)。⑥

这个结果无法同瓦尔拉斯模型中关于一般均衡的类似定义相协调。如果我们像在典型的瓦尔拉斯模型中那样,在实际交换之前,先协商确定均衡价格,并且所有交易同时在均衡价格水平上发生,那么,所有行动者将同时出售和购买商品,出售和购买商品的价值恒等。这样全部交易过程采取的是一个巨大的物物交换形式,不再有任何使用货币的需求。如果把这个模型拓展到存在多个时期的情况,假设存在远期市场,前期决定的价格都能保持下去,那么当期和所有未来时期的均衡价格都将同时决定。这个模型又一次描述了一个没有货币也能运行的经济。由于所有即期和远期价格同时决定,瓦尔拉斯模型的理论方法忽略了所有可能出现的不确定性,从而也排除了任何对流动性余额的可能需求。⑦一般均衡理论不能解决这个与货币经济理论协调的问题,因此只能退化为一个物物交换经济的理论。

货币是一个可观察的量,在一个确定时期内(无论"短"到什么程度),必然被某个经济行动者所持有。由此,无论货币是指钞票还是银行存款,它都以现金余额形式存在着。如前所述,持有流动性余额是为了抵御不确定性,这意味着,由于货币是一个可观察的量,所以,市场必然是在不确定性中运行的。如果我们处在一个不存在不确定性的假想市场,那么,就不存在流动性余额,正是有了流动性余额,对现存货币数量的观察和测量才有可能。如贝纳蒂(Carlo Benetti)和卡特利尔(Jean Cartelier)说的,如果抽象掉不确定性,货币余额的存在也就被排除了,除非经济偏离均衡状态(Benetti and Cartelier, 1990)。凯恩斯在《通论》中把货币定义为现金余额,具有保护经济行动者免受不确定性之害的功能。凯恩斯事实上选择了在分析上能令人满意的唯一解决方法,接受了唯一一种可能使货币成为可观察量的概念化方式。由此,无怪乎凯恩斯主义的货币理论在半个多世纪中一直都被认为是关于货币问题长期争论的最后结论。

把货币定义为财富存量,这没有什么不对,也是被广泛接受的。⑧但是,货币作为流动性财富存量的定义被广泛接受后,就经历了逐渐的变异和同步而来的退化。既然不再从作为支付手段的功能角度来思考货币,而是将其视为财富存量的一部分,货币就不再等同于一段时期内的支付流量。这导致的后果是,货币存量越来越被看作是一个给定的参数。

由此,不可避免地会认为货币在原则上与其他商品有相同的基础。货币生产分析的方法也必然沿袭其他商品生产分析的方法。沿着这个方向,可以将货币存量的形成作为货币市场上银行和企业协商的结果来分析。事实上,这种均衡的定义方法曾经阻碍了这个方向的研究。一般均衡不仅受到客观条件的限制(所有市场上的供求相等),而且也受到所谓主观条件限制(要求所有行动者遵守预算约束,所有人都保持严格的预算平衡)。在对预算平衡的含义作最严格的解释下(不仅要资产负债相等,而且还要现行收入支出相等),均衡必然处在所有行动者的任何可能债务(包括他们的银行债务)刚好都被清偿的偶然状态。如果在均衡状态,所有债务都被清偿,货币存量也就消失了。由此,严格定义的均衡状态与货币存在的状态再一次变得不相协调,唯一有所区别的是,这一次货币的消失,并不是由于在没有不确定性的情况下对货币余额的需求与理性行为不相容,而是由于一个简单的事实,经济行动者严格遵守预算约束而自动消除了货币出现的可能性(第2.2节将进一步讨论这个问题)。

　　这次,解决这个难题的思路是对模型进行拓展,把政府部门也包括进来。在原则上,政府不必保持平衡预算。因此,政府预算中出现本期赤字并非就意味着其不能与一般均衡协调。更精确地说,完美的均衡状态被定义为,不通过发售证券进行融资的那部分政府债务[由此,出现了法定货币(legal money)的余额]等于市场货币需求量。货币完全是由政府赤字创造的,实质上是一个外生变量。事实上,这个思路出现在现在许多导论性的著作中,好像已经是一个浅白的真理了。

　　但是,这个思路也有其问题。首先,它篡改了财政政策的实质,其设想的政府赤字,不再取决于社会对政府服务的需求,而是取决于保证商品在市场上顺畅流转的货币存量需求。政府不再是社会服务的供应者,而是流动性的供应者(Riese,1998:56)。如果这两个功能能同时实现,政府赤字最后必须保持在刚好既能为社会服务提供资金,也能提供市场所需的货币存量的水平。然而,这两个目标很难在同一个政府赤字水平上得到满足(Sawyer,1985:16;Tobin,1986:11)。

　　除此之外,按照现代宏观经济学的惯常做法,货币理论研究的是给定存量的货币,而不解释在市场中可获得的购买力是如何在个体行动者或社会群体之间分配的。对真诚的新古典主义经济学家来说,这不是什么大的缺失。从新古典主义的角度看,每一个人可自行处置的购买力,并不取决于他拥有的货币存量,而取决于他愿意提供并且能够出售的实际商品或服务。货币存量最初在每个单个经济行动者之间的分布,就其本身来说,不是重要因素。对后凯恩斯主义者,特别是卡尔多(Kaldor)的追随者们来说,货币理论不解释购买力是如何分布的也不是很大的缺失。在他们看来,银行体系运作完全是被动的,只是对生产企业信贷需求的反应而已。企业随后实施的生产计划不受财务的约束。

　　但是,如果认为在流动性创造中存在银行体系的筛选过程,那么,不对这个问题进行讨论将造成很大局限。在这种情况下,并非市场上所有的行动者都拥有自主和潜在无限的购买力,只有很少一部分被认为符合银行信用标准的行动者才拥有这种购买力。这样的人往往属于企业家阶级,而不是工资收入者。循环论者同意这个思路的观点(第1.4节将讨论这个问题)。对他们来说,货币被定义为一种支付手段,在宏观经济均衡的分析中仍是一个有实质性内容的因素。

1.3 循环论

不同于把货币看作是财富存量这一主导的凯恩斯主义观点,循环论者认为,货币的首要作用是促使商品周转。因此,只有在商品与货币交易、货币从一个经济行动者的余额转变成另一个行动者的余额时,货币才表现出其真实能力。根据这个观点,比较严谨的循环论者总是强调这个事实,货币在闲置的时候,即使其数量保持在刚好能满足未来支付需要的水平,货币也不再是周转工具,而只是财富的存量(Schmitt,1996:132ff.)。

但是,循环论者也不同意新古典主义主张的货币只是交易媒介的观点,而强调应该把货币看作是真实支付手段的观点。他们认为货币以银行信用的形式进入市场。生产企业在使用银行透支时,事实上并未拿出实际商品作交换而获得了商品或劳动;这意味着企业是在把货币在当作支付手段使用。循环论者认为,从实质意义上说,货币只有在被用来购买商品,而不是作为余额闲置在那里时,才能发挥对宏观经济均衡的主要影响力。而凯恩斯的追随者坚持认为,人们之所以能感知货币的存在,只是因为货币能作为流动性余额被持有,并能转变成闲置货币。因此,循环论者与凯恩斯的追随者在这个方面是不同的。

循环论改变了理论分析的焦点,注意力不再放在持有流动性余额的那些时间上,而是集中到了使用货币进行支付的那些时间上。主流货币理论的货币需求分析关注的是需求动机及其可能的波动;其货币供给分析关注的是货币当局独立决策的货币存量结果。循环论者关注的是流动性手段从最初的创造,经过在市场上相继而起的各种支付使用,最后止于毁灭的支付链。"货币循环"(monetary circuit)的术语来源于以下事实:这个理论探讨的是完整的货币生命周期(货币由银行系统创造,经过市场流转,再偿还给银行,然后毁灭)。

1.4　循环论和新古典主义分析

循环论形成的理论,与新古典主义和凯恩斯主义理论有很大的分歧。

长期以来,从福利经济学(有非充分竞争、存在外部经济或不经济、收益递增或不变、存在不可分割性等特点),到斯拉法(Sraffa)对资本度量和收入边际分配理论适用性的批评,再到现代不对称信息理论以及质量价格互相依赖理论等,都一直在批评新古典主义理论。

不过大多数批评者(如果不是全部的话)并没有抛弃新古典主义的个人分析方法。但循环论者认为,只要继续采取这种个人分析方法,就不可能从根本上克服新古典主义的局限性。根据循环论者的观点,在这些局限中,首要的是,基于个人方法的理论必然局限在微观经济学范围内,不能建立起真正的宏观经济分析。所有基于个人分析方法的理论都只是把宏观经济看作微观模型加总的结果,而不是建立在新的、不同的假设基础上的独立分析。

在循环论的视野里,对个人行为函数的简单加总并不能把微观经济模型转变为真正的宏观经济理论。构建宏观经济模型的出发点,只能是对存在于社会上的社会群体的辨识确认,继而是对社会群体再生产和得以维持下去的必要条件的规定。古典经济学为真正的宏观经济学方法提供了样板。古典经济学的起点是先验地把社会群体划分为一些有不同的初始财富禀赋(地主有生产资源,企业家有组织生产要素的才能,工人有劳动力)的阶级。马克思主义对资本家和无产者阶级划分也沿用了这种分析方法,这种划分对应于劳动力和生产资料的分离。凯恩斯也是这样,先验地区分了消费者(他们评估商品的基础是直接效用)和投资者(他们评估商品的基础是对利润主观且不确定的预期)。

循环论也采用类似的方法,首先区分企业家和工人。企业家可以获得银行信用,工人不能。两个群体进入市场时有不同的初始禀赋。企业家被银行信用所接受,有可依赖的潜在无限的购买力;而工人只能使用前期赚得的工资。两个社会群体有完全不同的预算约束,这形成了两者行为上的基本差别。

为把循环论与新古典主义之间的差异说得更清楚点,我们研究一个类似新古典主义模型所假设的完美市场。在那里经济行动者现有实际可用货币的事实,并不对其实际购买力构成约束。如前所述,在新古典主义模型中,虽然任何经济行动者确实都不能违反其预算约束,但每人的购买力并不取决于其货币数量,而取决于其工作能力、物质财富等实际要素数量。在一个完美市场里,任何实际资源都可以按市场通行价格转换为货币,只要出现把这个资源转换为另一种商品的机会。在这个背景下,任何可能的流动性余额都只是行动者各种实际财富中的一种,是从前期生产中获得的实际收入中提取出来的。而且,对未来抱有预期——如获得更高的收入流、成为新财富的拥有者等——的行动者,都能以到期偿债的承诺为保证,获得银行信用和直接的流动性资源。因此,经济行动者的购买力不限于其现有财富,但取决于其在更长时间范围里的实际生产能力。

循环论者从一个完全对立的视角切入。他们认为,货币经济中有一些精巧机制,这些机制在把购买力只提供给某些行动者,而不提供给其他行动者方面发挥着主导作用。首先,因为市场并不保证充分就业,经济行动者的购买力并非简单地由其从事生产活动的能力决定,而是受其是否被实际雇佣投入生产并被支付货币报酬的事实影响。在信用方面也是如此——信用并不会提供给任何一个据说有偿债能力的人,而只会提供给那些筛选出来的行动者(通常是生产性企业)。只有企业才能实际获得银行信用并享有超过其现有财富的购买力。通常,工资收入者与此相反,他们只有在出卖劳动和收到相应的劳动报酬后,才能够进入市场。⑨这个假设清晰地反映在马克思主义对有产者和无产者阶级的划分上,这个划分现在转变成了把人群分成能超出其现行收入进行花费的阶级和预算受已赚得的收入约束的阶级。如果上述假设能够成立,那么任何货币创造都只是提高了某个特定经济行动者群体的支出能力,这就意味着货币创造在价格水平上的影响不是中性的,这显然在原则上抛弃了货币中性定理。⑩

　　同样,循环论在如何定义货币存量上,也与新古典主义分道扬镳。新古典理论关注均衡——即货币存量与公众常态需求的流动性余额相等——实现的位置。而循环论研究的是货币循环的整个生命过程,开始于货币通过银行贷款而被创造出来,结束于货币因为这些贷款的偿还而被毁灭。在以农业生产为基础的传统环境中,可以认为货币创造于生产周期的期初,随着银行贷款偿还而被逐渐毁灭。这种情况下,平均货币存量等于期初融资额的一半。在现代多种产业生产并存的环境中,贷款是持续发放和持续偿还的。在一个稳态经济(stationary economy)中,货币存量等于银行期初创造的融资总额。

1.5　循环论和凯恩斯主义分析

　　期初购买力分配是不均等的。正是这个想法造成了循环论者与凯恩斯主义者之间的冲突。根据前文的回顾,凯恩斯主义者之所以特别强调货币,是因为货币可以作为闲置的余额而被持有。事实上,在凯恩斯主义的模型中,货币投机性需求曲线的突然移动是需求失灵和失业危机反复持续发作的原因。但是,对循环论者来说,尽管流动性偏好和总量需求的波动在历史上都是确凿无疑的事实,但这些并非是市场经济最重要的方面。对经济发展的路径有更深刻影响的是以下因素:货币和信用流动、从银行和企业之间的谈判中出现的投资决策、总产出在消费品和投资品之间的划分比例，以及国民收入在工资和利润之间分配的结果。这些才是解释总需求波动等问题的基本机制，而凯恩斯主义对此只追溯到了简单的流动性偏好行为。

现代宏观经济理论起源于凯恩斯的《通论》，通常采用的是希克斯、汉森（Hansen）和莫迪格利安尼（Modigliani）的 IS-LM 模型。循环论抛弃了 IS-LM 模型，因为这个模型通过把货币存量看作一个给定的数量，而省略了对货币创造的分析，忽视了银行和企业之间的关系（在希克斯-汉森模型中，银行和企业实际上是在同一个部门内加总的），结果忽视了 IS 和 LM 曲线之间相互依赖的关系。这些批评不一定都针对凯恩斯《通论》原来表述的模型，但是，循环论者也并不掩盖这一事实：在凯恩斯的《货币论》和《通论》这两部主要著作之间，他们明显地更加看重《货币论》。

1.6 循环论和后凯恩斯主义理论

循环论也在某一方面与后凯恩斯主义理论存在分歧。大家熟知的事实是，第一代后凯恩斯主义者［卡尔多、琼·罗宾逊和卡恩（Richard Kahn）等］认为货币供给不是重要问题，而循环论者认为这是个根本问题。后凯恩斯主义者忽视货币供给主要是基于两个考虑。首先，既然货币当局被迫满足来自市场的流动性需求，那么货币供给弹性趋于无限。其次，即使货币当局可以限制银行提供信用的数量，市场仍然可以找到其他形式——主要由单个行动者提供的互助信用组成——的流动性。这将使经济行动者可以不管货币当局的政策，实施其生产计划。后凯恩斯主义的结论是，流动性从来都不是一种重要的约束。[11]

这种后凯恩斯主义的方法产生的后果是，他们从来不分析银行与企业之间的关系。这里，后凯恩斯主义与循环论之间出现了明显的差异。对循环论者来说，企业与银行之间的关系是根本性的，因为这个关系决定了可获得流动性的数量。在这个方面,循环论者与第二代后凯恩斯主义者[温特劳布(S. Weintraub)、戴维森(P. Davidson)、明斯基(H.P. Minsky)、克雷格(J. Kregel)和摩尔(B.J. Moore)]之间的差距缩小了,后者对货币供应和企业可得融资的问题给予了很大关注。

我们可以看到循环论和后凯恩斯主义在收入分配分析上是接近的。在这方面,循环论者完全同意凯恩斯-卡莱茨基(Kalecki)理论。罗伯特森(D.H. Robertson)的研究和凯恩斯的《货币论》(Robertson, 1926; Keynes, 1976[1930])最早提出了这个理论的框架,后来卡莱茨基、卡尔多和琼·罗宾逊把它发展成了收入分配理论(Kalecki, 1991[1942]; Kaldor, 1956; Robinson, 1956)。根据这个理论,企业决定生产的活动水平和产品性质(消费品还是投资品),而工资收入者,不管货币工资水平如何,都只能购买实际消费品,其可得数量由生产企业提供(Kregel, 1973,第10章)。因此,实际工资的真实水平由生产企业决定,而不由常规的市场协商决定。实际工资的真实水平甚至可以成为政治争执的目标。这个观点强调生产企业和工资收入者之间在市场力量上存在着巨大的差异,常常表现为:在劳动市场里,工资收入者能够谈判的只是货币工资,而不是实际工资。这并非是因为工资收入者缺少理性,也不是因为他们有货币幻觉。相反,这是因为任何市场经济都有一个典型特征:生产企业可以决定消费品和投资品生产比例,而工资收入者只能决定如何花费其货币工资。如果工资收入者可以协商实际工资水平,相应地生产企业就可能丧失决定其生产水平和性质的权力。假设生产企业可以控制生产的实际方面,相当于假设工资收入者只能协商工资的货币水平。正如西米昂(François Simiand)曾经指出的,“货币工资水平是一个事实;实际工资水平则是一种看法(opinion)”(Simiand,1932,第1卷:160)。

值得注意的是,凯恩斯和卡莱茨基提出的这个私人部门内部的收入分配机制,与新古典主义关于私人和政府部门之间的收入分配理论是一致的。这就是所谓的通货膨胀税机制,政府部门可以凭这个机制不征收明确的税收,而持有一部分国民产出(第2章的2.5节详细讨论这一点)。但是,两者的不同之处在于,根据新古典主义理论,只有政府部门才可以有运用纯粹的货币手段持有实际产品的能力;而使之成为可能的机制则被认为是与市场制度的理想运作方式完全背道而驰的。相反,凯恩斯-卡莱茨基理论认为,这个机制是市场经济的正常运作方式,对利润创造是有利的。

1.7　货币循环论的基本观点

货币循环论的基本观点可以总结成以下命题:

(1)货币在性质上是信用货币,在现代,货币表现为银行信贷。

(2)只要经济行动者把银行提供给他的货币花费出去,信用货币就创造出来了;只要他偿还银行信贷,信用货币就毁灭了。

(3)银行和企业通过协商产生并引入市场中的货币是一个内生变量。

(4)社会中的经济行动者划分为两个不同的群体。前一个群体以生产企业为代表,它们能获得银行信贷,因此享有不受实际收入水平或实际财富所有权约束的购买力。后一个群体以工资收入者为代表,只能花费已经赚得的收入。

(5)因为不同的经济行动者不是以同样的基础获得信贷的,而相对价格体系反映不同行动者获得购买力的不同方法。结果是,货币不可能是中性的。

(6)完整的理论分析必须解释完整的货币过程,这个过程起于信用被授予的时刻,经过市场上的货币周转,最后以偿还最初的银行贷款而结束。货币由银行部门创造,当再次回到同一银行部门时毁灭,其存在和运作可以描述成一种循环。

(7)宏观经济分析解释了货币创造如何能够决定消费品和投资品生

产之间的划分以及收入在工资和利润之间的分配，因此，也解释了货币
远远超出促进交易和改善市场技术运作的功能。对可获得银行信用的
社会群体来说，货币在经济层面上是利润的来源，在社会层面上则是权
力的来源。

1.8　货币循环的综合描述

我们可以简单地描述货币循环的不同阶段。在最初的综合性表述
中，只考虑四个经济行动者：中央银行、商业银行、企业和工资收入者，以
后再引入政府部门。[12]

第一步：银行做出决策，向企业提供信贷，使企业可以启动生产过
程。在这个阶段，银行提供的信贷数额可以称作期初融资。[13] 如前所述，
循环论通常假设只有企业才能得到银行信贷。

如果把企业看作是一个完整统一的部门，在生产开始前，企业唯一
必须做的购买行动是雇佣劳动，这时唯一的开支是工资账单。所有其他
交易只是在企业部门内部进行的，可以暂时忽略掉。因此，来自生产企
业的银行信贷需求只取决于工资率和企业打算雇佣的工人数量（Moore，
1983，1984；Graziani，1984）。

如果我们不是考虑一个企业整体，而是考虑单个独立的企业，则情
况显然完全不同。单个企业除了考虑工资账单，还要考虑各种流动性开
支，包括可能购买耐用品（如机器）和其他形式的投资。但是，上述简化
的总体表述并没有改变循环图景的实质。考虑银行向单个企业提供信
贷用来建设工厂的情况。只要这个企业启动这个建设项目，银行提供给
它的流动性就转移到了那些从事建设的企业，然后流动性继续从建设企
业转移给其雇佣的工人。这样，虽然通过一条间接的路径，期初授予的
信贷完全转化成了工资。整个过程结束时，期初被授予信贷的企业成为
银行系统的债务人；工资收入者成为银行的债权人。为建设项目提供期

初信贷的结果,就像这个企业自己进行了建设一样。因此,我们的结论是,把企业看作是一个完整的部门可以简化推理,而不会改变其实质。

因为某种产成品或半成品的生产紧随着工资账单支出而来,所以,在支付的工资账单与所生产商品的成本之间存在对应关系。因此,期初企业的银行信贷需求可以用工资账单额和企业拥有的存货价值来度量。事实上,有的研究者更倾向于认为企业的信贷需求以生产商品的货币成本来度量[Hawtrey(1923)首先提出这个定义;后来 Godley 和 Cripps (1981)也采用这个定义]。这两种定义在某种程度上是等价的。如果我们关注企业在某个瞬间的银行负债,那么可以将其设定为等于已生产而尚未销售商品(即半成品加上存货)的货币价值。如果我们关注的是企业的期初信贷需求,那么把信贷需求等同于与计划生产水平相对应的工资账单似乎更加合适。

后一种定义的好处是可以揭示信贷市场与劳动力市场的对应关系。货币工资或就业量的任何增长,都将增加信贷需求,导致银行和企业对协议重新谈判。这就解释了在企业与工会关于货币工资的谈判中,为什么企业一直在预测银行系统可能的反应,因为银行的反应将最终决定这个谈成的工资率是否可以实际支付。因此,企业的工资政策最终将会取决于银行的信贷政策。[14]

银行和企业之间的谈判决定信贷规模和利率水平。

第二步:经济过程的第二阶段由有关生产和支付的决策组成。货币循环论的基本假设是,企业完全独立地决策实际生产事务,即就业水平、消费品和投资品的生产数量。工资收入者对其货币收入,在持有现金余额(银行存款或现钞等)和购买证券之外,只能在消费支出上进行分配决策(因为这个简化描述省略了政府部门,上述证券只包括生产企业发行的那部分证券)。[15]

第三步:在第三阶段,企业开始销售生产的商品。消费品销售给工资收入者,投资品在企业部门内部交易(生产生产资料的企业把这些投资品出售给使用这些投资品的企业)。

工资收入者的货币在商品市场和在金融市场（购买证券）中被花费，回流到企业，企业以这些收入偿还银行债务。由此，与偿还的银行债务等量的货币数量被毁灭。而工资收入者用部分货币增加现金余额，这部分数量的货币则以企业对银行的债务和工资收入者对银行的债权这两种形式存在。

第四步：期初银行债务一旦偿还，货币就毁灭了，货币循环也随之结束。银行为新的生产周期提供新的信贷，这将产生新的货币。如果企业销售商品和出售其证券的收入不是用来偿还银行债务，而是用来启动新的生产周期，那么货币循环几乎可以自动发生。凯恩斯认为，在这种情况中，银行信贷变成了一种数量稳定的"周转资金"（revolving fund）。[16]但是，这并不是说企业不需要融资了：银行同意企业利用前一生产周期中提供给它的流动性，这一事实本身就意味着企业只是代表银行更新了信贷。因此，不能认为这是理所当然的，事实上，这相当于企业从银行那里获得了新的信贷。

如果工资收入者花费其全部收入——不管是在商品市场还是金融市场上，企业将收回其全部货币预付，并偿还全部银行债务的本金部分。在这种情况下，一些研究者可能会说，循环"无亏损"地结束了。如果工资收入者决定以流动性余额的形式储蓄一部分收入，企业将无力偿还部分与之等量的银行债务。结果是，在生产周期结束时，期初创造的货币未能完全毁灭。如果银行现在打算为与前一周期相当的新生产周期提供等量的信贷融资，则货币总存量将会上升：其数量将正好等于工资账单加上前一周期末工资收入者留存的新的流动性余额。

第五步：到此为止，上述描述都省略了向银行支付利息的问题。只要市场上存在的货币都是银行贷给企业的货币，那么，很显然，即使经营状况非常有利，企业也只能偿付其债务的本金部分，无论如何都是付不出利息的。为获得用于支付利息的货币，企业唯一能做的是向银行出售其部分产品，这相当于以实物支付利息。另一种实际上区别不大的解决办法是，银行购买企业发行的证券。[17]在这里引入政府部门，并不能简化这一局面。政府赤字可能会为企业带来向银行支付利息所必须的货币；但是，这将形成一笔政府对中央银行的未偿债务。要么形成一笔相当于利息支付数额的未偿付债务，要么以实物来支付利息，因此，这个问题似乎仍然没有解决的办法。

许多经济学家都会反对某种类似的、尽管更合理一些的解决方案，因为"忽略了以货币——货币经济中全部积累的目标——为形式的财富积累欲望"（Wray，1996：452）。银行像其他企业一样，无疑也追求货币形式的利润；但是，货币利润只是一个过渡形式，货币的最终目标是被花费掉，从而进行有利润回报的投资。

1.9　结论

通过上述分析可以得到的结论是，在封闭经济中，唯一使企业整体遭受亏损的情况是储蓄者决定将其部分储蓄以现金余额形式贮存起来。这看上去可能就像开放经济中储蓄者决定将其部分储蓄配置到国外市场去一样，这个决定对一个国家的企业整体构成了额外的亏损来源。事实上，在一个完整的金融市场上，本国企业可以在国内或国外金融市场发行证券，使企业重新获取由于储蓄者的决定而流失掉的流动性。

因此，一方面，如果我们抽象掉流动性偏好增强的情况，从全球层面来看，企业作为一个整体并没有财务损失的风险。在另一方面，因为不能排除单个企业遭受亏损的可能性，这可能意味着，如果总是抽象掉增强流动性偏好的情况，那么，单个企业遭受的亏损必须由另外某个企业赚取的等量利润来平衡。单个企业的经营失误，远不足以使企业部门衰落，还能为其他企业创造更高的利润。根据这个结论，我们要重新审视在市场经济中利润能够代表效率的观点。首先，企业作为一个整体没有亏损的事实并不是其具有效率的标志，因为企业整体总是保持预算平衡的，这与它降低成本或迎合消费者的能力如何没有关系。同时，如果我们分别考虑单个的企业，单个企业的利润也并不意味着其经营特别有效率，因为一个企业赚取的利润可能只是对其他企业的低效率及由此导致的亏损的镜像反映而已。

注　释

① 关于循环论的综述，见 Lavoie(1987)、Graziani(1989)、Halevi 和 Taouil (1998)。Bossone(2001)隐含地讨论了循环论机制。Arestis(1997，第 3 章)对后凯恩斯主义(Post-Keynesian)作了很好的批判性评论。Fontana (2001)详细分析了内生货币的概念，讨论了适应论者(accommodationist，他们支持货币内生论)与结构论者(structuralist，他们只在严格的条件下接受货币内生论观点)之间的争论。

② 参见 Wicksell(1936[1898]，第 9 章 B 节)。瑞典学派沿着魏克赛尔的思路研究了货币周转问题(Lundberg，1937)。贝蒂(L. Berti)为缪尔达尔(Myrdal)的《货币均衡论》(1939)意大利语版写的"导言"(Introduction)，是从循环论角度研究瑞典学派货币理论很好的导读。

③ 参见 Schumpeter(1934[1912])、von Mises(1934[1912])、Hahn(1920)、Neisser(1928，1931，1950[1934])以及 Schneider(1962，第 2 章)。Messori(1984)详细讨论了熊彼特的货币思想。De Vecchi(1993)的文章是有关熊彼特去美国前的著作最重要的研究。

④ Patinkin 和 Steiger(1989)批评了用面纱作比喻描述货币特点的观点。矛盾的是，Cencini 和 Schmitt(1992：115)等循环论者也只是把货币定义为能使商品在市场上交易的技术工具，这非常接近于新古典主义的思路。根据他们的观点，只有在预算实现完全平衡，从而每种商品的购买都是以另一种商品作为支付手段的情况下，个人的支付才算实际完成。"货币纯粹是流通工具，不是财富，本身没有购买力。它是价值尺度，有衡量和使交易成为可能的功能"。

⑤ 参见 Menger(1892)。Hicks(1989：63ff.)沿袭了门格尔的说法，并补充说，一旦某种贵金属被公认为是交易媒介，那么，国家就可以准备介入接管铸币权了。

⑥ 魏克赛尔注意到了这个问题，并设想了一个在结构上避免这个问题的模型。在魏克赛尔的模型中，工资收入者不再向生产企业购买商品，而是向交易商购买商品；交易商出售前一轮生产周期生产的商品，销售收

入存入银行作为存款,收取当期的利息。在本轮生产周期结束的时候,交易商购买商品,补充其存货。在这种情况中,总是存在着一笔在数量上等于生产企业期初流动性需求的货币数量。

⑦ 有一个大家熟悉的类似结果。早在 1930 年,林达尔(Erik Lindahl)还在研究一般均衡模型结构时,他就注意到,银行体系的货币创造只有在偏离均衡时才有可能(Lindahl,1930,第 2 编第 1 章)。后来的经济学家也都注意到了这一点(Debreu,1959;Arrow and Hahn,1972:338;Hahn,1982)。Clower(1969:202—211)构建了一个一般均衡理论的货币模型,间接证明了这一点。在这个模型里,不同于典型的瓦尔拉斯模型,交易不再是同步的;只要至少有某些行动者使用期初货币余额为其期初开支融资,交易就能启动。因为不考虑银行信用的情况,他的模型中货币性质是不明确的。Villieu(1993)对这个问题有过很好的评论。

⑧ 插一句离题的话。如前所述,门格尔强调特定商品转变为货币是市场行动者自发选择的结果。凯恩斯在《货币论》中同意卡纳普(Friedrich Knapp)的观点,把货币定义为国家认可的支付手段,"……货币协议非常特别之处是,正是国家……决定,以货币进行交割必须是一种合法或合规地履行合约的方式"(Keynes,1971[1930],第 1 卷:4,6)。凯恩斯在《通论》中说明,由于不确定性,货币一旦出现,它就可能演变成更便捷的财富形式,但是他没有对货币进行明确定义。Wray(1998)对卡纳普的货币定义以令人信服的方式作了重述,这个定义开始被广泛地接受。

⑨ 贝纳蒂和卡特利尔明确提出了这个假设(Benetti and Cartelier,1990;Cartelier,1996)。这不是一个新的观念。在 18 世纪,这种把货币和购买力结合起来的观念就被广泛接受了,在这一点上,最有说服力的分析来自 Giacomin(1994)。在某种意义上,在马克思主义那里也可以看到这种假设。马克思把资本家阶级定义为有生产资料财产和有足够的货币财力的经济行动者。正是因为他们能够得到银行信用,才确保了必要的流动性能力。现在,这已不是通常的假设了。现今的经济学文献常常坚持认为,现在向家庭提供的信用已经等于或超过了向企业提供的信用。Howells(2001)有一些完整的档案材料支持了这个说法。但是,向家庭提供的信用是否真的提供给了消费者,还是在事实上通过使消费者能购买最终产品而间接地提供给了企业,对这一问题仍然存在激烈的争论。

⑩ 熊彼特曾经讨论过这个传统的原则——由于货币只是可以而且必须被揭去的面纱,深入分析"经济过程的基本特点,就类似于为看清面纱后面的脸而必须要去揭开面纱",他对此警告说:"资本主义过程的实质特

点可能正是依赖了这层面纱,没有这层面纱,后面的脸是不完整的。"
(Schmupeter,1954,第6章:227,278)

⑪ 参见 Kaldor(1985)、Leijonhufvud 和 Heymann(1991)。凯恩斯提出一
个完全不同的观点:"……投资市场可能因为现金短缺而停滞;但不会
因为储蓄短缺而停滞。"(Keynes,1973c[1937];669[222])

⑫ Wicksell(1936[1898],第9章B节)有过类似的描述。再往前追溯,
Galiani(1780,第Ⅱ编第1章)曾经对货币周转(circulation of money)做
过一个很好的描述。他描述的不是商品货币,而是非物质的法币,这非
常接近于魏克赛尔所说的纯粹信用。Parguez(1981)、Lavoie(1987,
1993:151—169;1996)、Graziani(1987,1989)和 Wray(1996)也描述
了货币周转。关于凯恩斯的思想中是否也隐含了这种作为货币循环来
描述的货币周转的问题,仍然存在着争议,其中,Barrere(1979:160,
1988a:22)、Poulon(1982,第11章:300)和 Graziani(1987,1989)持同
意的观点;Kregel(1986b)持否定的观点。

⑬ 凯恩斯在引入其"为持有货币而融资的动机"时分析了这一步,他这个
新颖的观点引起了一场持续的争论(Graziani,1984)。Cesaroni(2001)
对凯恩斯的观点有过重要的评论。

⑭ 有的研究者分析了单个银行的供给曲线(Messori,1988;Screpanti,
1993:134ff.)。Stiglitz(1999)聚焦分析了银行在不对称信息中的行为。
我们这里的分析将省略这方面的讨论。

⑮ 如前所述,循环论想象的经济机制——企业决策实际数量,工资收入者
决定其货币开支,来自凯恩斯的《货币论》(1971[1930],第10(i)章:
136,第20章:315—317)和 Keynes(1973c[1937])。

⑯ 参见 Keynes(1973b[1937]:209[247])。同时,这也可以倒过来说,稳
定的信贷供给对保证生产水平稳定是必需的。后一种说法指出了马克
卢普很久前提到的一个事实,资本周转事实上只是固定资本的另外一
种形式而已(Machlup,1932)。

⑰ Bossone(2001:869,873)提出了一个类似的解决办法。

2

新古典货币理论

2.1 引言

新古典货币理论的主要理论结论是,在一个没有摩擦的充分竞争市场中,货币的作用完全是中性的。货币使交易以更加有效和理性的方式发生,克服物物交换诸多不便,但货币不改变最后均衡的位置(Tobin, 1992:775)。众所周知,只有在所有价格恰好无一例外地以同样的速度和比例变化的情况下,即商品保持相对价格不变时,这个结论才可能是对的。经验表明,不同商品的货币价格在反应速度和幅度上存在差异,这意味着,任何一种价格变化都至少会暂时地改变相对价格。其结果是,市场价格将会偏离均衡价格,从而扭曲资源配置。

事实上,新古典货币理论试图说明,如果我们把物物交换经济和货币经济作比较,在可得资源和个人偏好相同的情况下,两者的生产数量和相对价格是一样的。如果真的如此,引入货币的后果必然是中性的,如前所述,货币只是一层面纱,掩盖了实际均衡位置,但并不改变其实质(第1.2节)。说它是面纱不过是因为,在货币经济中,价格不再以某种选定的商品为标准,而是以货币为标准。如果相对价格不变,货币价格水平则完全无关紧要,因此,从物物交换经济转变为货币经济只是使市场变得更有效率,而不会改变市场协商的最后结果。

新古典经济学的结论与福利经济学的基本定理有紧密的关系。根据福利经济学基本定理,在完全竞争市场中,生产资源在均衡的位置上正好实现最优配置。新古典经济学中的资源最优配置是指,在可得资源的约束下,经济中用到的技术组合与生产的商品组合实现了消费者偏好的最大满足。

虽然新古典货币理论提出了货币中性的理论命题,但是,它仍然把保持价格稳定作为其主要的政策建议。

2.2 新古典经济学中的货币:常谈和理论

新古典经济学的理论原理常常以琐碎的形式出现,其本身无可辩驳,但只是一些定义性的内容而已。

货币中性原理是说,如果货币存量是外生变量(由货币当局决定),给定市场上可得到的商品数量,流通中的货币数量变化与每个单个经济行动者所持有的流动性余额变化保持相同比例,那么,所有商品的货币价格都将同比例变化,相对价格和生产的商品数量将保持不变。

我们需要解释的是新古典理论假设货币存量是外生变量的原因。当然,如果仅仅是为简化问题起见,任何变量都可以被假设是外生的。但是,新古典模型假设货币存量是给定的,可能有一个更深刻的分析性原因。

在完全均衡情况下,所有市场的需求和供给相等,每个单个行动者都遵守了预算约束。这意味着,在特定时期结束时,所有的债务都将偿清。如果银行债务与其他债务一样，也被完全偿清，那么，银行期初提供的每笔贷款都将结清，相应的银行货币也将全部毁灭。[1]如果仍然存在一定数量的银行存款，那么说明至少有一个经济行动者的债务尚未结清，还挂在至少一个银行的账上。在新古典模型中，政府是唯一在均衡状态下仍然可以向某个银行——中央银行——负债的经济行动者。因此，在均衡时，唯一存在的货币是通过政府渠道——即以中央银行向政府发放贷款的方式——形成的。这就是典型的新古典模型中定义货币存量的恒等式：

$$M_{(t)} = M_{(t-1)} + G - T - (B_{G(t)} - B_{G(t-1)})$$

其中，M 是货币存量，G 是政府开支，T 是税收收入，B_G 是政府债券余额。

我们假设经济行动者在均衡时仍然希望保持正的货币余额，因此，按照市场需求数量的货币创造，完全不同于铸币税，而相当于政府部门与单个行动者之间作了一笔公平交易，政府从单个经济行动者那里得到实际商品，并以出让某种不同的商品效用（即实际余额）作为交换。如果均衡时的货币存量是由政府支出提供的，那么也可以将货币存量看作是由货币当局决定的外生变量。这样，向市场提供货币变成了政府赤字的功能[如第 1.2 节所说，这可能会导致托宾曾提到的一些分析性问题(Tobin, 1986:11; Riese, 1998:57ff.)]。[2]如果商品数量、现有货币存量和货币周转速度都被认为是给定的，一个必然的结论是，一般价格水平 P 将与货币数量同比例变化，货币价格的稳定性将取决于货币存量的稳定性，或取决于 M 和 Q 的等比例增加。因此，涉及货币价格稳定性的传统政策措施是，为保持市场通行的货币价格稳定，货币存量应该保持稳定，或与市场上交易的商品数量保持同比例增加，结果可用由费雪首次提出的著名恒等式来归纳：$PQ = MV$(Fisher, 1963[1911]:24—28)。

这种结论常被批评为不过是一些常谈而已。如果货币数量的增加是以每个单个经济行动者的现金余额等比例增加的方式发生的，那么实际财富分布会保持不变,这是自明无疑的。随之而来的是所有价格等比例增加,这使得每个经济行动者的实际收入保持不变。如果实际财富和实际收入都没有改变,那么相对价格也不会改变。

但是,这种解释对新古典理论来说是不够的。新古典理论总是想把这个结论提高到不仅仅是同义反复的层次。对货币中性和稳定性两个原理的正确理论构建,不可能从以说明货币特性为目的而引入的临时性(*ad hoc*)特别假设中推导出来。这两个原理的基本假设应该与一般价格理论的基本假设是相同的。

新古典理论的基本假设可以表述为三个主要命题:

(1) 行为假设:每个个人有一组个人的和完全独立的偏好。

(2) 技术假设:每个个人知道把生产性资源转化为最终产品的技术。

(3) 制度假设:在每个单个市场上普遍存在充分竞争。每个经济行动者严格地遵守其预算约束。

在研究货币经济时,需要对预算约束的定义作一些澄清。如果在每个瞬间都必须遵守预算约束,这意味着每个行动者同时购买或出售商品,且买卖的市场价值相同。在这种情况下,即使这种经济是作为货币经济在运行,但在实质上更像是一种物物交换经济。如果使用某种商品作为货币——如有相等的内在价值和市场价值的黄金货币,情况也一样。在这种情况下,每个单个经济行动者必然在每个瞬间都严格遵守其预算约束。这是许多传统经济学家认为商品货币是唯一的真实货币的理由。对这些经济学家来说,如凯恩斯曾经说的,对金属货币的偏好,或对完全可兑换纸币的偏好,实质上是一种为保证交易真正公正的道德原则(Keynes,1983[1914])。

如果接受比较松散的预算约束,那么,在每个时期内货币(以现金余额为形式)都表现为一种可观察的变量,只有当最后达到完全均衡状况时货币才消失。

如贝纳蒂和卡特利尔强调的那样,对单个经济行动者暂时面临的预算不均衡,货币可以发挥融资功能(Benetti and Cartelier,1990)。另一方面,假设每个经济行动者最后满足了预算约束,个人行为也不会因为暂时的借贷头寸而有所改变;因此,最后的均衡状况也不会有所变化(To-bin,1980)。

2.3 储蓄和投资相等

在均衡状态下,市场上所有的需求应该等于供给。因为宏观经济模型假设只存在两种商品(消费品和投资品),如果其中一个市场均衡,另一个市场也必然均衡。因此,商品市场的一般均衡只要一个条件,即储蓄与投资相等。但是,将储蓄与投资相等当作需求与供给相等来描述还是需要谨慎的。

瓦尔拉斯清楚地知道,虽然供给方可以生产许多种不一样的投资品,但在需求方,储蓄者只对能产生最大回报的那种商品有一般需求。瓦尔拉斯引入了一种一般市场,其中储蓄者销售和投资者购买的是某种称为 e——法语 excédent 的首字母,意为收入超过消费的部分——的想象商品(Walras,1954[1926],第 23 讲,n.240)。我们接下来可以看到,循环论者在这里提出了另一种更清晰和更符合现实的解决方法,即引入证券市场。在这个市场里,生产企业向储蓄者出售证券,为其配置储蓄并获得回报。

新古典理论没有采用瓦尔拉斯和循环论者的方法。在新古典模型中,储蓄与投资相等是由于银行的行动。这是新古典模型最微妙而饱受争议的地方。

为了完全理解新古典货币均衡理论产生的问题,我们需要回顾一下古典经济学家(斯密、李嘉图、马尔萨斯)和新古典经济学家之间在工资理论——这是经济理论中比较边缘的领域——上存在的明显差异。

古典经济学把实际工资看作是严格预先支付的。即使通常工资的支付安排在提供了相应劳动之后(例如,在周末、月末或商品交割完毕后),也不能认为工资是生产过程结束后支付的。古典经济学的这个假设,事实上是认为工资在产品生产出来之前就已经支付出去了。这种假设与以下事实有关,即古典经济学家意识中的典型生产部门是农业,其中工资收入者显然不可能等一整年才拿到维持生计的生活资料。这种实际工资预先支付的假设可能也与一些想象出来的理由有关。如果工资预先支付,那么工资的来源是前一生产过程的产出,即来自资本家的储蓄,著名而有争议的"工资基金"可被认为是来源于此。工资基金的水平显然取决于前一期的产出水平和资本家的储蓄倾向,并决定本期工资水平。资本家为了向工人提供就业而克制其个人消费,利润是对这种消费克制理所当然的回报。由此,这个世界才获得了一个公平的形象。

古典经济学在投资定义的基础上,对生产过程也有类似的想象。在古典经济学模型中,实际工资是预先支付的,投资在定义上就不是新生产出来的资本品数量(这是新古典经济学的定义)。古典经济学家把投资定义成投入现行生产的资源数量。如果我们把资本家看作是一个阶级,那么,总投资就等于工资账单(如果我们再考虑地主,投资则是工资账单总额与向地主支付的地租之和,因为资本家在生产中投入的支出是对不同阶级成员的回报)。如果我们不考虑地主,并假设向工人支付的是生存工资,那么,投资就等于工资收入者的当前消费。事实上,在古典经济学中,工人消费和资本家投资构成了同样的商品。如亚当·斯密所说:"每年储蓄起来的商品,随每年的支出,几乎与支出同步被例行地消费掉,不过是被另一群人消费掉的。"(Smith,1993[1776],第2篇第3章:16*)

古典经济学以其现实主义和一些想象的理由,假设实际工资是预先支付的;而新古典经济学出于一些分析上的考虑,采用了相反的假设,认为实际工资是在生产过程结束后才支付的。

新古典模型的关键是边际分配理论。对一个将占主导的均衡位置,

---

* 原文标出的引用章节为第1篇第4章:34,疑误。——译者注

生产企业应已发现了最优生产组合(每种商品的最优生产数量)和最优资源配置;每种资源按照其边际产出获得回报,这意味着劳动和其他资源一样,只有在生产过程结束,并且产品在市场上出售后才能获得回报。当然,有人可能认为,工资和其他收入是事前基于以往的经验决定的。但是,这可被看作是一种稳态经济的情况;如果经济处于变化之中,边际产出水平就不能从以往的经验中推导出来[对这一点更详细的分析参见(Graziani,1994)]。

因此,如果按照严格的定义,边际分配理论只适用于资源在生产过程完成之后才能获取回报的经济。马歇尔所说的"一般资本和一般劳动合作生产国民净产品,并以其相应的(边际)效率,从中提取他们赚得的报酬",最为清晰地表明了这一观点。③

如果放弃工资预付原则,同意在生产过程结束时支付工资的理论,那么,马上就可以得出新的且值得注意的分析结果。如果工资不再预付,那么,生产在没有预先储蓄的情况下也可以实现。关心着储蓄和投资的资本家阶级和被迫靠生存工资生活的工人阶级之间的对立也就消失了。古典经济学中的投资,即预先支付给工人的生存开支,直接就从模型中消失了;由此,"投资"这个术语取得了新的含义,现在它是指以资本品形式出现的那部分国民生产产出。

在新古典模型中,储蓄和投资的决策与其在古典模型中不同,不再是由同一批经济行动者做出的,而是由储蓄者和投资者以完全独立的方式分别做出的行动。随之产生了一个有待明确的问题,即是否存在一个可以引导市场实现储蓄和投资相等的机制。这个问题在古典模型中是不存在的,古典模型中的资本家阶级独立地决定净产出中储蓄起来的份额,并把它作为工资基金。必须在新古典模型中发现某种形式的机制,以此实现储蓄者和投资者各自选择的均衡。

对此,瓦尔拉斯提出的解决方法在根本上是一种物物交换经济的模型。我们先把这个模型放一放,在货币经济的框架内讨论一下这个问题。魏克赛尔首先提出了这个问题,并提供了一个完整的解答。

魏克赛尔也信奉边际分配理论,但他没有放弃古典模型中实际工资预先支付的典型假设。魏克赛尔像古典经济学家那样,设想在生产的期初,在前一时期生产并储存下来的一定数量的消费品就已经存在(在魏克赛尔的简化模型中,储蓄者同时是贸易商或店主,可以用"资本家"这个类别术语来指称)。

魏克赛尔设想在经济最开始时不存在货币,全部的支付手段是由供应货币(这是促使货币经济中交易发生所必需的)的银行提供的。在魏克赛尔的模型中,银行信贷只提供给生产企业,而不提供给工资收入者。货币由银行创造,以满足生产企业的流动性需求。货币存量表现为一个严格的内生变量。

生产企业靠银行信贷开始生产,使用信贷支付工资和购买劳动。工资收入者用他们的货币从贸易商(资本家)那里购买消费品。需求和供应相等决定了市场上消费品的货币价格水平。最初由银行创造的货币现在转到了贸易商(资本家)手中,他们又把货币存入银行,以赚取利息。

再来看看均衡条件。我们知道,魏克赛尔设定的均衡条件是货币利率和实际利率相等。在均衡时,资本按照其边际产出获取回报。新古典的均衡(这时边际回报不变,即所有企业以平均最低成本生产)适用欧拉定理。这意味着实际工资也等于劳动的边际产出。因此,在均衡时,虽然工资是预付的,但是实际工资率也遵守边际分配原则。

由此,可以想到魏克赛尔模型的两个特点:

(1)银行在期初向生产企业发放的贷款用于支付工资账单,用古典模型的术语来说,其金额对应于投资的货币价值。因此可以推论,银行贷款对应于生产企业的投资。

(2)资本家的实际储蓄转化为货币和银行存款。因此可以说,银行存款对应于储蓄。

这些结论是有特别涵义的。由此,我们可以从银行运作的角度,重新表述储蓄和投资相等的状况,也就是说为保持储蓄等于投资,银行贷款为投资提供的融资金额不应该超过这个银行以存款的形式汇集的储蓄。

　　魏克赛尔对维持这个均衡的条件做了分析,他的结论是,如果银行设定的货币利率正好与自然利率(即投资实际回报率的比率量)相等,则储蓄与投资相等。但是,这只是魏克赛尔模型的一个方面,这个模型包涵的内容比我们这里讨论的更多。魏克赛尔模型表明,如果银行体系的行为正确,那么货币经济可以实现均衡,这个均衡实质上等同于物物交换经济的均衡,其中货币价格是稳定的。在与此类似的经济中,货币经济的典型特征(货币中性)不再是因为一些特别的临时假设——如货币供应的外生性和所有人的货币余额等比例变化等。事实上,均衡表现为市场经济运作自动产生的结果,其唯一的条件是每个经济行动者采取正确的行动(经济行动者应该遵守预算约束,银行的放贷不应该超过其存款)。这也是保持货币稳定的条件。

2.4　新古典模型的问题

　　魏克赛尔的结论与他模型的结构紧密相关,特别是模型的以下假设:一是,实际工资预先支付;二是,存在期初消费品存量,其在数量上等于前一时期的储蓄、当期的投资和以实际价值计算的工资账单;三是,期初的消费品存货出售给工资收入者,销售收入作为存款存入银行。

　　新古典模型从一套完全不同的假设出发,没有得出魏克赛尔的结论。这些假设是:首先,生产周期开始时,不存在以实物或货币为形式的、与前一期产出商品相对应的基金;其次,生产性资源在生产过程结束时获取其回报;最后,投资在定义上不等于预期的实际工资账单,而是新产出的资本品。

　　新古典经济学家假设工资支付发生在生产过程结束时,放弃了工资预先支付的假设,但他们仍然追随魏克赛尔,以为可以合法地保留魏克赛尔得出的结论,即在(1)储蓄和银行存款与(2)投资和银行贷款两个范畴之间有对应关系。事实上,所有新古典经济学家都一致认为,银行通过吸收存款汇集储蓄,通过发放贷款为投资提供融资;他们在政策层面上也一致认为,银行发放贷款的金额不应超过其前一时期吸收的存款。因此,银行把控了储蓄和投资之间的均衡。④

这种宏观经济过程重构是无效的,其中存在前后不一致和现实上的错误。前后不一致之处在于,这一理论认为某个时期的储蓄可以在下一时期用作生产资源。这个想法只有在古典模型的框架下才是对的。其中,每个时期工资以实际价值事先预付,因而必须假设期初存在以实物形式存在的前一期储蓄。而在典型的新古典模型中,因为假设工资在生产过程结束时支付,从而排除了任何前期储蓄存在的可能性。

现实上的错误则来源于新古典经济学中一个根深蒂固的观点,即严肃的银行体系有责任把贷款数量限制在储蓄者存入并由银行预先汇集的存款数量范围之内。这个做法如果应用到银行体系整体上,显然是行不通的,因为对银行体系整体来说,在吸收存款的同时不把等量的资金放贷出去,技术上是不可能的。在时间顺序上,存款与贷款同步形成;在逻辑上,贷款却先于存款出现(本章后面的部分将重新提到这个问题,并在第 4.1 节作进一步讨论)。这个错误不在于经济理论上的不合理性,更多的是在于银行技术,由此直接导致了基于新古典模型的整套储蓄-投资均衡的处理方法无效。

2.5　通货膨胀税

新古典模型的结论之一是,充分竞争的市场能保证货币经济有序运行,而如果市场被外生力量操纵,则经济将不能稳定运行。

市场操纵的第一个可能来源是违背预算约束。在新古典经济学的视野中,不只是单个经济行动者应该遵守预算约束,政府部门也应该遵守。在原则上,为了实现货币均衡,政府应该完全通过税收来为日常开支融资,并且消除所有日常开支的赤字。我们对后面这个观点依次作两点评论。

首先，经济行动者为避免不确定性和满足流动性一般需求，决定保留一定数量的货币，政府由此将出现预算赤字，这与政府保持预算平衡的普遍规则并不抵触。如果法币是唯一存在的货币，政府开支超过税收将是不可避免的，超出的部分正好等于公众对货币的需求。在这种情况下，货币余额就好像是一种由政府提供的可以满足市场需求而且有独特效用的商品。我们身处在一种物物交换之中，其中政府提供法币（政府是法币唯一的生产供应者），用来交换实际商品。政府的这种运作情况即使账面上存在赤字，严格来说也可以被定义为在实际上保持了平衡预算。因为以超出税收的支出购得的实际商品，是政府通过在交易中出售以法币为代表的特殊商品来支付的。从这个角度看，对任何行动者都要求平衡预算的一般规则，与私人行动者持有流动性余额的现象之间并不矛盾。

如果公众持有的货币余额需求不增加，政府却增加了通过货币创造融资的赤字，那么情况又当别论。这种情况明显违背了保持预算平衡的规则。政府赤字超额创造出来的货币，不再是公众持有的流动性余额，而是在市场上被花费掉了。在新古典模型的框架下，其结果将是价格上升。工资收入者的实际收入下降，政府获得与之数量对应的商品。这里出现的是典型的通货膨胀税情况。因为货币价格的上升与货币存量的增加成比例，因此，以实际价值计算的全部货币存量保持不变。但是，工资收入者能买到的实际商品数量减少了，减少的幅度与货币价格的上升幅度成比例。那些决定维持名义货币数量不变的经济行动者，会受到货币价格上升的冲击，其流动性余额的购买力将遭受损失。

有一种不能排除的可能性是，为增加对居民的转移支付（政府年金、补贴，等等），政府采取货币创造的方法为预算赤字进行融资。在这种情况下，用商品实物来衡量，非政府部门作为一个整体并不会遭受损失。但在私人部门内部发生了对补贴对象有利，对其他人不利的实际收入再分配。[5]

2.6　新古典银行理论

新古典银行理论与上述新古典货币理论密切相关。现在新古典货币理论的很大一部分都被抛弃了,但是,新古典银行理论不同,其原理仍然——即使常常是无意识和隐蔽地——被广泛地接受着。对此,下面的事实可能是一种解释,宏观经济理论中包含的银行理论在大多数情况下仅仅是一种移植过来的微观银行理论。这个主导的银行理论完全不同于循环论中的银行理论,我们这里只是简单提一下,具体将在第 2.7 节讨论。

在主导的新古典银行理论中,银行的主要职能是汇集储蓄和为投资融资。事实上,银行一般被定义为是储蓄者和投资者之间的中介机构。这个基本观点是新古典银行理论主要论题的基础:

(1) 汇集存款是提供贷款的前端事件:这是一个久经抛弃而又时不时被重新捡起的古老观念;

(2) 因为储蓄和投资相等有赖于银行采取正确的行为,银行体系对整个宏观经济的均衡负有责任;

(3) 如果银行违规使投资融资量超过可用储蓄量,这将造成一种非均衡的状态,消除这个状态唯一可行的方法是完全恢复到以前的均衡状态(Hayek,1933,第 4 章;1935:27)。

我们在第 2.3 节提到过,在魏克赛尔模型(而且只在他的模型)中,对应关系既存在于储蓄和投资这一对概念中,也存在于银行存款和银行贷款这一对概念中。但是,正如前面解释的那样,只要放弃魏克赛尔从古典模型中抽象出来的实际工资预付的基本假设(工资支付于生产过程开始之前),这个对应关系将不再存在。

新古典模型假设实际工资是在生产过程完成后支付的,魏克赛尔模型中的对应关系并不适用。工资不是预付的,就不存在为启动生产而产生的对消费品存货的需求。因此,没有前一时期预留下来的以实际价值计算的前期储蓄,储蓄也不可能转化为银行存款。实际上,新古典主义论者的独特之处就在于,他们放弃了实际工资预付的假设,却保留了存在某种预先就有的基金(包括实际储蓄和银行存款)的观点。这是一个特别奇怪的观点,因为要银行系统在吸收存款的同时不发放至少一笔贷款,在技术上是不可能。我们将在后文的章节中将详细说明这一点(参见第5章)。

我们接下来将进一步详细地讨论新古典银行理论对不同问题的论述。

银行存款与储蓄

传统的银行理论认为,任何商业银行都关注吸收储蓄。任何银行存款的增加都来源于银行信托的储蓄流。

如果只涉及单个行动者,这种观点无可非议。任何个人的收入都要转化为消费开支、耐用品、证券和银行存款。未在消费品上花费掉的、包括用在银行存款增加上的收入在本质上都是储蓄(更准确地说,任何增加的银行存款在本质上都具有货币储蓄的性质)。

同其他形式的储蓄一样,将部分个人储蓄处置为银行存款的决策也含有投机的成分,因为没人能预测下一刻货币储蓄会在什么标准下转化为实际商品。任何形式的储蓄都存在风险因素。储蓄者将其储蓄安排为银行存款,并因此承担了一种特殊的风险,即任何货币储蓄的实际价值都会因通胀而缩减。

根据新古典主义的思路,假设一个实现充分就业的均衡状况,如果储蓄者决定增加其银行存款,他将会获得一种有高流动性优势的特别商品;但是,如果他决定减少储蓄,把银行存款转化为实际商品,那么这个决定将引起货币价格上升,而实际产出并没有增加。根据假设,如果所有储蓄者都以相同比例将部分财富安排为流动性余额,并在同一个时刻都决定把货币余额转化为实际商品,那么结果将会是,因每个人的实际财富同比例减少,货币价格上升将完全是中性的。

如果一个行动者把全部或部分货币收入以银行存款形式储蓄起来,这意味着另外有某个行动者给他支付了货币。这也意味着银行向后者(或再另有一个行动者)发放了贷款,使他可以支付货币。后者可能是生产企业,向银行告贷是为了支付工资和薪水;也可能是政府,向中央银行举债是为了向政府雇员支付薪水或年金。因此,任何因某个行动者的货币储蓄而形成或增加的银行存款,必然对应于银行向另外某个行动者发放的贷款。储蓄者作为存款者对银行任何具有索取权的债权,都对应于另外某个行动者对银行的债务。

从宏观经济学的视角来看,这个问题似乎将略有不同。一些行动者以银行存款的形式安排储蓄,结果是创造了对这些行动者有效用的流动性余额以及相应的其他行动者的银行债务。由此,有人才会以为,正是储蓄者以银行存款的形式安排储蓄的决策,导致了相应数量的货币的存在。因此,如果我们把经济体系作为一个整体来考虑,把银行存款汇总起来本身并不会引起储蓄流的增加。这只是储蓄的一种具体化的技术形式,并没有形成更多的资本,而只形成了更多的流动性余额和增加了生产企业相应的银行债务而已。

银行贷款与投资

根据主导的银行理论,银行贷款发挥了为投资提供一部分融资的职能。我们在后文的章节中(第3.5节)将阐明,与实际投资相对应的总是实际储蓄。因此,应该认为向实际投资提供融资的总是实际储蓄,而非银行信贷。但是,这个问题值得从商业银行的角度再作思考。

显然,银行不会用自己的贷款为自己购买商品。如果它们这样做,就违背了"购买者的支付承诺并非就是最后支付"这一市场经济的基本规则。银行倒是可以像其他经济行动者一样,在不同国家法律规定的界限内,使用已经实现的利润购买耐用品。事实上,商业银行经常是其营业建筑物的拥有者;有越来越多国家的法律规定,银行也可以将其部分财富投资于制造业公司的股份。因此,银行可以像其他经济行动者一样进行投资,但银行不能用自己提供的信贷为这些投资进行融资。

而且,银行可能(或通常是必然)发生贷款挂账(pending loans),即向生产企业发放的贷款未被偿清的情况。具体而言,生产企业一方面拥有新生产的资本品(建筑、机械、半成品),另一方面也有未偿清的银行债务,债务数量可能与这些资本品的价值相等。同时,这些债务也将构成数量相当的流动性余额,而被其他行动者持有。当然,在这种情况下,由于出现了银行债务,生产企业的净值低于其所拥有的资本品价值。但是,就储蓄-投资均衡的状况而言,这并没有什么影响:新生产的资本品价值有同等数量的货币储蓄作对应。如果生产企业在银行有挂账,这既不意味着储蓄低于投资,也不意味着银行为部分现行投资提供了融资。这仅仅意味着部分储蓄被处置为银行存款,并且银行在为生产企业提供融资,因为存款需求增加导致生产企业未能偿清这个数量贷款。同样,在这个情况下,银行仍然在依惯例行事,并没有为投资提供融资,而只是发挥了银行应有的职能,向经济提供了流动性而已。

储蓄-投资均衡

新古典经济学假设银行体系要先吸收存款再发放贷款,他们不可避免地会得出以下结论:

(1)银行行为的正确规则是发放贷款的数量不超过前期吸收的存款数量,唯有如此,才能推进实现宏观经济均衡。

(2)如果银行遵守这条行为规则,其职能将只限于从储蓄者向投资者传递流动性,结果是银行的存在并不会改变货币数量。用哈耶克的话来说,银行"肯定不会容许周转中的货币有效数量有所改变"(Hayek,1935:27)。

(3)如果银行违反这个规则,它们的行为将导致投资超过储蓄,引发宏观经济的失衡。除此之外,银行发放的贷款超过了吸收的存款,银行将面临流动性短缺;这将迫使其削减贷款规模,恢复正确的经营方式。

这些都是新古典经济学中最权威的经济学家们给出的结论。(参见 Hayek，1935；Fanno，1992[1933])。但是，一些同样具有权威性的非新古典经济学论者提出了完全相反的结论(Schumpeter，1934[1911]；Hahn，1920；Keynes，1971[1930])：

(1)保证储蓄与投资相等既不是银行的职责,也不具备可能性。事实上,是贷款创造存款,而不是相反,因此,要求银行贷款的数量不超过存款在技术上是错误的。贷款和存款是同时决定的,如果有所先后,贷款在逻辑上应先于存款。关于存款-投资均衡,预期银行唯一会做的,不过是将其贷款控制在预期存款,即银行贷款和收入分配作用下,经济行动者的决策预期将产生的储蓄金额的范围之内。但是,显然银行并不能控制产生多少储蓄,这需要远超过一般银行所拥有的知识和信息。

(2)保持货币数量稳定的条件不在于银行将其贷款数量限制在前期吸收的储蓄范围内,而是要求各种收入的接收者将其储蓄全部以证券形式处置,从而即使他们的货币余额保持不变,也能使生产企业完全偿清其银行债务。

(3)最后,这些论者强调:投资可能超过储蓄,但并不会引起银行的流动性短缺。存款源于银行自己提供的贷款,因此,贷款越多,存款也越多。单个银行可能遇到各种各样的流动性短缺问题,但对银行系统整体来说,这是不可能的,因为如果某个银行发生了流动性短缺,那么必然存在另外至少一家银行有等额的流动性过剩。甚至对单个银行来说也不存在这个问题。根据凯恩斯的说法,银行是"步伐一致地行动的"(Keynes,1971[1930],第1章:26),它们在存款市场中的市场份额是不变的。

2.7 新古典模型中的货币与银行

按照前面的概括,新古典货币理论似乎与其银行理论有较大的反差。因为,如果在严格定义的均衡状态下,银行货币不再存在,银行本身也将消失。事实上,宏观经济理论模型的通常表述,即著名的 IS-LM 模型,虽然仍然含有货币存量这一基本经济变量,但已经完全抽象掉了银行部门。大多数宏观经济学的基础论述在概括宏观经济均衡的基本特点时,甚至根本不提银行的职能;银行部门的问题放到很后面才讨论,而且银行的活动是作为管理问题,而非宏观经济均衡问题来研究的。

近年来,一些循环论者对这种思路提出了疑问。循环论者认为,必须在银行分析和宏观经济均衡之间建立一种更严格的联系。这意味着现存的货币存量不应该仅局限于作为理论上瓦尔拉斯均衡时的货币余额数量,而应该延伸到非均衡时存在的货币,这些货币存在于支付过程中,以及经济行动者对银行仍有未偿债务的时候。

这意味着也要拓展对货币需求的定义。自希克斯 1935 年的论文发表以来,货币需求一直被定义为,为避免或然事件而产生的保持流动性存量的需求[这是著名的把现在和未来连接起来的凯恩斯主义方法(Keynes,1973d[1937])]。循环论的不同之处在于把货币需求定义为对用于现行市场交换的支付手段数量的需求——罗伯特森曾说,货币需求来源于"想要使用它的人"(Robertson,1937:432)。

长期以来,货币分析都忽视货币作为经常性支付手段的功能,这造成了一些后果。事实上,正如在下面的讨论中所提到的,把货币需求视作为流动性余额需求的定义并没有彻底改造新古典货币理论和银行理论。结果是,这种新方法反而是造成了许多前后不一致的问题。主要如下:

(1)正如前面已经指出的,并且货币数量等式也明确暗示的那样,必要的货币存量与市场上交易的商品总量成比例,也与货币价格成比例(给定周转速度)。但是,近期所有包括银行部门的模型仍然持有这样一种基本观念,即认为对生产企业的信贷要求只与他们的投资决策有关。如前面所说,这种观念掩盖了对两种不同问题的混淆,即为生产融资(为在市场上周转的投入和产出创造足够数量的流动性)与为投资融资(创造等量总储蓄)。现在文献中仍然普遍存在这种期初融资与期末融资概念上的混淆。

（2）有的论者为了调和期初融资和期末融资两种不同的含义，提出了一种基于历史的妥协说法。他们认为，在产业发展的开始阶段，生产企业可能因"储蓄稀缺"而被排斥在金融市场之外，他们被迫通过银行信贷为投资进行融资；但产业发展的较后阶段，充裕的金融市场将吸纳投资者参与，允许其通过发行证券而获得长期融资。我们在后文中将表明，投资融资的问题其实与发展的阶段关系并不大（参见第3.5节）。

（3）再有一个普遍存在的观点认为，新古典模型和凯恩斯主义模型之间有各种差别，其中一个差别在于，新古典模型假设储蓄是投资的先决条件，而凯恩斯主义模型正好反过来，认为投资是储蓄的先决条件。但是，我们已经解释过，认为储蓄具有优先地位的理由并不在于模型的结构，而在于有关劳动市场的假设，确切地说，是其中隐含的实际工资预先支付的事实。

如前文所解释的，如果我们想在模型中引入用于经常性支付的银行信用和货币，我们可以想象，市场机制的运行贯穿于一系列前后相续的阶段，正如第1.8节中所描述的那样。在运行开始的时候，没有货币。当生产企业获得了其需要的一定数量的银行信贷后，市场的流动性储备是充足的。随着工资收入者在商品市场上花费其货币收入，生产企业收回期初支付出去的货币，而且能偿还其银行债务。如果期初贷款被偿清，这时流动性储备将再次被清空。如果工资收入者保留一部分收入作为流动性余额，那这部分数量的货币将继续存在，生产企业将不得不把相等数量的银行债务结转到下一时期。

典型的新古典模型考虑的是处于最后均衡状态时的经济，这时为经常性支付而形成的流动性已经用尽，流动性储池也被清空（如果保留部分流动性余额，储池则是半空的）。而循环论模型常常考虑的是处在开始阶段的经济，这时银行刚向生产企业发放贷款不久，流动性储池是充满的。在市场经济的实际运行中，不断地有新的生产过程在启动，这意味着，随着老的贷款不断地毁灭，新的贷款在不断地被发放出来。经济处于平稳状态时，当期创造的流动性数量等于当期毁灭的流动性数量，现有的货币存量保持稳定。

注　释

① 正如德维蒂·德马科（De Viti De Marco）可能会说的那样，货币的唯一功能，是保证带入市场的价值与带出市场的价值之间能充分地互相抵消（De Viti De Marco，1990[1934]：23ff.）。

② 但是，要记住的是，那些最严肃和严谨的货币数量论者，包括魏克赛尔、米塞斯和哈耶克等，都不认为货币存量是一个给定量，即一个货币当局能按照自身意志改变的数量。他们都认为现存的货币存量来源于银行信贷。因此，在他们的模型中，货币存量是一个内生变量。他们想要做的是在一个有货币创造内生机制的模型内，明确使价格稳定性和货币中性有效的条件。

③ 参见 Marshall（1961[1920]），第 6 卷第 2 章第 10 节：544）。马歇尔的论述很有意思。根据边际原则，马歇尔抛弃了固定工资基金的概念。然而，在讨论工业生产时，他却倾向于认为工资是预付的。但是，他的理由相当不充分，他认为工业生产不同于农业生产，并不是在一年内一茬一茬地进行的，而是以同步循环的方式开展的。这意味着在每个生产周期开始时，前一期生产的产品数量就已经在，并且在接下来的周期中可以用来给参与生产的工作者支付工资（同上，第 2 章，n.6 和附录 J）。类似于此的解答尽管本身无可争议，但仍然不能解释在最初的生产周期开始时支付的工资从何而来。

④ 这些观点都是被广泛接受的，Cannan（1921）和 Hayek（1935）尤其支持这些观点。但是，熊彼特对这些观点的严厉批评也同样很著名（Schumpeter，1954，第 4 卷第 8 章第 7 节：110ff.）。

⑤ 前面所说的是新古典经济学对通货膨胀税的解释。在后文（第 5.4 节）中，进一步的讨论将阐明，一旦我们同意循环论，而放弃新古典模型，结论将完全不同。在循环论中，生产企业能决定总产出的数量和结构（消费品和投资品），因而能决定实际利润期望水平。由此，所谓的通货膨胀税只会影响工资收入者。

3

货币经济

3.1　货币经济的定义

我们首先讨论物物交换经济、信用经济和货币经济的含义。

物物交换经济

物物交换经济是商品与商品之间直接交换的经济。首先要注意的是，没有货币媒介的商品交换不一定意味着交换中的两种商品必须同时交付。在古代，先借麦种，用收获后交付一定数量的麦子偿还，也是一种常见的做法。这可能是物物交换经济的框架下一种辅以信用支持的交换情况。

这种经济向前发展的形态，是在经济中使用某种特定商品（如黄金）作为一般交换媒介和价格度量单位。在这种情况下，经济使用的是商品货币。但是，这仍然在物物交换经济的范畴内，因为商品货币像其他商品一样，都是由私人生产的。当然,这种经济在技术上比商品直接交换的原始形态经济更加先进。

物物交换经济可能是一种直接生产者的经济,其中不存在工资劳动力(奴隶劳动力当然是完全不同的情况)。如果生产是由拥有自己土地的个人或家庭进行的,任何这样的生产者通过出售土地产品,都可以获得商品货币,用以购买其他生产者的商品。物物交换经济也可能是使用工资劳动力的经济。如果工资是预付的,那么,生产者需要商品货币,以备支付工资账单之用。这部分货币可能由把部分收入以商品货币形式储蓄起来的经济行动者提供。如果物物交换经济中工资是预付的,那么,这种情况就非常接近于储蓄必须先于投资的新古典经济理念(见第 2.3 节)。

我们认为,出现商品货币本身并不说明物物交换经济转化成了货币经济,真正的货币经济必须是使用符号货币(token money)的经济。

信用经济

信用经济是经济行动者在互相信任的基础上,基于大家都能接受的简单支付承诺,开展商品交换的经济形态。在这种情况下,每次交换行为都会产生单个行动者之间的双边信用-债务关系。对于这种经济,一个简化的例子是,经济中所有支付都通过同一到期日的汇票(bill of exchange)来实施。如果行动者都在预算约束下行动,那么,现有的汇票在支付到期时全部互相抵消,同时结清所有债务。

有的经济学家倾向于认为信用经济在实质上类似于货币经济,因为在信用经济中信用起到了货币的功能(Hawtrey, 1931;Heinsohn and Steiger, 1983:85ff.;Screpanti, 1993:85ff.)。包括循环论者在内的其他经济学家却倾向于明确地区分信用经济与货币经济。事实上,信用经济中商品周转依赖于支付承诺并由此形成了两个行动者之间的债务关系。这个承诺的内涵是,信用是交换工具,而不是支付手段,有关债务并未因做出承诺而最后结清。里斯尤其强调这一点(Riese, 1998:47)。如果支付到期时,汇票还没有完全付讫,债务人将被问责,被要求偿付挂账;这时有的仅仅是支付承诺,而实际支付却并未完成。如果仅凭支付承诺就可以起到最后支付的功能,那么,购买者将被赋予铸币权,可以直接从市场上提取商品,而不必提供任何交换的东西。马克·吐温在他的小说《百万英镑》中想象了这种情况。

货币经济

前面的讨论得出的结论是,货币经济应该既不是使用商品货币,也不是仅以支付承诺来运作的经济。真正的货币应当有三个主要特点:

(1) 货币不能是一种商品,只能是一种符号货币;

(2) 货币必须能够用来完成即时支付和最后支付,而不仅仅是用来做出未来支付的承诺;

(3) 此外,货币使用必须是有管制的,任何经济行动者都没有铸币权。

唯一满足上述三个特点的支付体系,是一个通过第三方中介运转的支付体系——这个说法与卡特利尔的描述大致接近(Cartelier,2001:165)。在现代,这个中介通常是银行。在某个经济行动者使用银行支票进行支付时,如果银行同意这个操作,他的收款方即被授予了相应数量的信用,而在这两个行动者之间不会有任何未偿债务。但这两个行动者与他们的银行之间确实还存在未偿债务和债权:准确地说,购买者变成了他银行的债务人,出售者则是银行的债权人。行动者之间不再有直接债务挂账的事实,保证了这个被使用的支付手段实际上具有货币的性质。同时,每个行动者仍然与其银行之间存在未偿债务和债权关系,这一点保证了行动者和银行都没有铸币权(De Vecchi,1993,第 2 部分第 5 章第 1 节)。

我们可以得出的结论是,为满足货币经济的全部要求,任何支付都应该以三角交易的形式发生。用德凡奇(De Vecchi)的话来说就是,"[一个中心化的社会会计机构(central social accounting body)]授予对生产有贡献的人以索取权,使他可以用这个索取权购买任何想要的商品"(De

Vecchi，1993：64；Schmitt，1975：14；Cencini，1984：31；Parguez，1985；
Padoa Schioppa，1989；Berti，1992）。[①]

货币不是商品，在本质上是信用。但是，货币不是签订合同的双方之间的直接信用，而是一种以三角交易方式建立起来的间接关系，其中有充当中介人的第三方。金属铸币看上去是商品货币，但在实质上也是信用货币。如凯恩斯曾经写道，印度的卢比是"印在银上面的票据"（Keynes，1971[1913]，第3章：26）。熊彼特也有相同的结论（Schumpter，1934[1911]：45ff.）。

货币的功能不仅是以某个一般性的多边交易取代了一系列单个的双边物物交换，而且还消除了物物交换的必要性，甚至完全消除了物物交换。在货币经济中，任何行动者都能出售商品，而不必马上就购买。货币使购买者可以推迟出售，反过来也一样；在出售和购买之间的时期，行动者可以随意处置其流动性资源存量。因此，货币以同样的理由，同时是支付手段、流动性余额（因而是一种财富）和债务形式。

3.2 货币作为一种三角关系

货币支付被定义为一种三角关系的结果，这远不仅是一种纯粹的理论构建，还能满足使用符号货币的基本要求，即不容许任何行动者拥有铸币权。

这一点可以解释以下问题，为什么那些适用于个人之间支付的规则，也适用于商业银行之间的互相支付中。事实上，如果商业银行可以以银行存款的方式进行互相支付，他们的行为就会像在信用经济中一样；反过来，如果以银行存款进行的支付被认为是最后支付，这就再次为行动者拥有铸币权的可能性开了一个口子。因此，为使商业银行在货币支付体制下的行为不至于有过分的特权，商业银行之间的支付也必须通过某个作为中介的第三方机构，这个第三方机构就是中央银行（Hawtrey，

1931：545—547）。如果世界银行能建立,这种程序原则上也可适用于各国中央银行之间的支付。但是,因为现在还没有这种机构,各国中央银行只能通过两种方法来处理他们之间的关系：(a)以互相信托的方法,等待债务和信用能互相抵消的时机；或者(b)以物物交换的方法,使用商品货币——现在使用的是金条。②

中央银行至少要发挥以下两个职能：

(1)保证每家商业银行遵守自身的预算约束；

(2)同时,中央银行要监管商业银行,防止其自发"同步"地扩张信贷(单个银行这样做可以避免流动性问题,虽然这产生了后续出现通胀压力的危险,但能使总需求有所增加)。

有一派经济学家持有与前述观点不同的看法。他们认为,货币交换体系可以通过私人货币顺畅地运行,这些货币由提供支付服务的单个银行创造。单个经济行动者可以对各家银行的地位和可靠性进行评估,自主地在其中选择一家。照这个思路,现代市场在没有商品货币和法币的情况下,也可以顺利地运行下去。这种观点其实是沿袭了门格尔的说法,即货币是市场自发的产物。根据这个猜想,在各国的全国市场上出现唯一一种被正式承认作为偿债工具的法币,可能仅仅是政府以法律规定强制推行的结果,其目的是保护中央银行发行的法币(White,1984；McCallum,1985)。

这类观点的基础是,它们隐含地假设银行部门是完全竞争并能自我管理的。但是,如凯恩斯(1971[1930],第1卷第2章第1节)所说,即使没有明显的串通,私人银行体系也可能导致信贷无限扩张。因此,纸币基础上的货币体系,由唯一能发行被正式认定为法币的货币的中央银行来监管是必须的。这种监管体系只能产生于政治层面上的决策。

3.3 货币创造

设想在某个充分竞争的信用市场中,经济行动者只要能够按现行市场利率付息,就可以获得信贷,并且市场中不存在不确定因素。在这种情况下,除非付款日逼近,否则行动者不会有向银行举债的意愿,因为他没有理由为持有一笔闲置不用的流动性余额去支付利息。这是一个被普遍接受的观点(Keynes,1973a[1936]:96,1976b[1937]:208,1973c[1937]:223;Barrere,1979:127,1988b:41)。如果行动者决定持有一笔闲置的余额,并承担这个决定带来的成本,这意味着他一定面临着某种不确定性。他可能对自己未来是否还能得到相同数量的信贷,或者利率是否会有所变动感到不确定。③

循环论者对这个问题作了补充说明。设想有一些行动者为防备不确定性,决定保留一些流动性余额以备不久后将发生的支付。同时,为避免违约风险,他们愿意为这笔闲置的资金支付利息。这样做的结果是,在银行提供给他们信贷到他们实际使用这笔资金的这段时间里,这些行动者在对银行负债的同时,也拥有一笔银行存款,向同一家银行提供信用。这两个头寸互相抵消,并没有发生净额货币创造。因此,除非发生支付,否则不可能有货币创造;货币只产生于实际支付执行的时刻。当支付发生时,货币被创造出来,并由此产生双重债务关系:进行支付的行动者成为银行体系的债务人,接受这笔支付的人成为银行体系的债权人。④

货币经济中两个行动者之间的任何支付都必然涉及一个被认为是支付手段提供者的第三方,因此,任何货币经济模型都必须把银行和企业作为两个分开的行动者群体来研究。企业生产商品,为实施其必须的支付而利用银行;银行提供支付手段,在互相签约的行动者之间发挥结算机构的职能。因此,银行与企业是无论如何都不能作为一个部门进行加总的。

在所有创造货币的渠道上其实都存在前面所说的引起货币支付的三角交易关系,即中央银行向商业银行提供的再融资、未被税收收入或政府新发债券覆盖的政府开支,或在开放经济中的国际收支顺差。如果基础货币由中央银行向商业银行提供,那么,货币创造发生在一家银行为偿还其对另一家银行的负债而向中央银行举债的时候。在这种情况下,三个经济行动者中包括两家商业银行和一家中央银行。如果基础货币是由商业银行向单个行动者提供的,那么,货币创造发生在行动者为偿还其对其他行动者的债务而向银行告贷的时候。在这种情况下,三个行动者是银行和签约双方。最后,如果基础货币是由中央银行向政府提供的,那么,货币创造发生在政府向私人行动者进行支付的时候。在这种情况下,三个经济行动者是中央银行、政府和私人行动者。

3.4 主流经济学中的货币供应

主流经济学认为,政府超出税收或发债收入部分的开销是货币创造的典型情况[典型的研究参见 Mankiw(1992:463—470)]。事实上,我们可以在任何一本宏观经济学手册中看到这种对新货币创造的典型定义:$dM = G - T - dB_G$(其中 G 是政府开支,T 是税收收入,dB_G 是新发政府债券)。*

按照我们前面的讨论,这种定义虽然没有穷尽货币创造来源,但有它自己的逻辑。设想在市场均衡的状况下,我们规定均衡条件包括单个行动者之间不存在债务挂账,生产企业与银行之间也不存在债务挂账。如果行动者没有银行债务,则银行也没有未偿还的贷款,也没有作为银行贷款结果的银行存款。银行仍然持有的基础货币只有一个可能来源,即政府开支赤字(或者,对开放经济来说是收支平衡表盈余)。因此,这个主流的货币创造定义对应的是一个严格的均衡条件的定义。

如前所述,循环论者不同意这个观点(参见第 1.2 节)。他们认为,要研究货币经济运行,首先应该在只包括私人部门的市场经济框架下进行分析。因此,货币创造的分析不会考虑政府开支的作用。根据这个思

---

* 原书中这个公式写作 $dM = G - TdB_G$,疑误。——译者注

路,循环论的分析起点是基础货币创造只来源于中央银行为满足商业银行需求而再融资。他们的基本模型非常接近于魏克赛尔最早研究的所谓纯粹信用经济(pure credit economy)模型(Wicksell, 1936[1898],第9章B节;Robertson, 1926, 1928; Hawtrey, 1923,第1章)。

3.5 为生产融资与为投资融资

根据传统的新古典经济学分析方法,单个经济行动者在资源约束下的偏好决定了经济均衡的形态。当然,新古典经济学家都承认,银行体系通过控制信用流,也可能会决定一个与行动者偏好不相一致的生产结构。但是,如果银行不顾其正确的行为准则而执意这样做,这将产生一种完全偏离均衡的短期状况,但这迟早会恢复到正常情况[哈耶克和凯恩斯对这个问题有过一场著名的讨论;参见 Graziani(1998)]。

另一方面,凯恩斯主义者对这个问题的分析常常局限于《通论》中的凯恩斯主义模型。同时,他们也倾向于忽视凯恩斯在《通论》之前或之后的著作,在那些著作中,凯恩斯更详尽地讨论了有关融资和银行-生产企业关系的问题(Graziani, 1991)。这种倾向在后凯恩斯主义中甚至更为严重。后凯恩斯主义——尤其在卡尔多与摩尔的那些极端理论中——假设银行的信用供给具有无限弹性,因此,他们完全忽视了生产企业在为其生产计划融资时可能面临的任何约束。

在《通论》中,除一些孤立的评论外,凯恩斯对那些与银行信用有关的主要问题进行了抽象。凯恩斯隐含地假设银行和生产企业有相同的总需求水平预期。因此,如果某个企业决定某个给定的生产数量,那么银行也准备好了为其提供所需要的融资。这种观点隐含在凯恩斯的一般假设——短期中,预期与实际结果之间有一种精确的对应关系——之中(Keynes, 1937a[1936],第5章第2节)。在短期内,《通论》中的生产企业跟紧总需求的节奏并没有什么困难,也不会犯错误。虽然可能会出现因利率太高使投资无利可图的困难,但这应该归咎于储蓄者,特别是食利者(rentiers)的流动性偏好,而不是银行经营者的决策。

因此,尽管新古典主义与凯恩斯主义之间存在分歧,他们在模糊金融和银行行为的重要性上是一样的。一个无法忽视的后果是,在分析层面上融资问题只有在牵连到了投资时才会被想到。

循环论采取了完全不同的立场。他们在分析融资问题时,清晰地区分了为生产融资与为投资融资。根据前面的讨论(第2.7节),生产企业的期初融资需求等于工资账单。我们已经看到,生产企业的融资需求必须包括全部生产成本,而且不限于专门为生产资本品的融资。我们还将看到,虽然存在为投资融资的问题,但这个问题与从银行那里得到融资的问题几乎没有关系。同时,在文献中流行的一种观点认为,投资支出是(或可能是)由银行信贷融资的,并且对银行信贷需求取决于生产企业的投资计划(或者追加投资的计划)。因此,我们有必要将这两种不同的融资分辨清楚。

为生产融资

生产企业启动和维持生产都需要融资,这种融资被称为期初融资。不管是什么性质的产品(消费品或资本品),期初融资数量都必须覆盖计划生产数量的全部成本。事实上,穆勒说过,资本和消费的区分"不在商品的性质,而在资本家的意识"(Mill, 1909[1848],第1卷第4章:56)。因此,期初融资是一个必不可少的要素,没有这个融资,就不可能实施生产计划(Keynes, 1973c[1937]:222; Parguez, 1975:108)。

如前所述,一旦期初融资被用来支付工资,它将经过商品市场或金融市场回到生产企业,生产企业偿还其银行债务后,这笔融资也将毁灭。因为期初融资的作用是促使生产过程启动,实际上有临时性融资(temporary finance)的性质。同样很清楚的是,单个行动者持有的流动性余额与为生产融资和为投资融资都没有什么联系。

生产企业以出售商品或发行证券而汇集的流动性可以被称为期末

融资（final finance）。期末融资与期初融资不同，其作用不是启动生产过程，而是使企业能偿还银行债务［Bresciani-Turroni（1936）曾清晰地阐述过这个观点］。就偿还银行的债务而言，期末融资在商品市场还是金融市场上汇集得到并没有区别，重要的是汇集的数量要能够覆盖期初融资的数量。如果满足这个条件，生产企业结清其银行债务，它们就可以认为自己已经实现了某种均衡状态。

这里引申一下是合适的。在每个生产周期的期末，如果生产企业都完全偿还了其银行债务，存在的货币也就全部毁灭了。可以想象，更现实的情况常常是，经济行动者出于谨慎原因，决定持有一笔流动性余额——在稳态条件下这笔余额是个常数。如果生产水平保持不变，一旦达到流动性余额的均衡水平，每个生产周期期初创造的货币将在同一个周期的期末有规律地被毁灭掉；在生产企业达到均衡状态时，总还存在着一笔稳定的银行债务。因此，这个结论可以表述为，如果某种稳态经济的货币存量保持不变，那么它就处于均衡状态。

上述结论也可以用来分析确定货币存量，这是《通论》的老问题。在凯恩斯的解释者中，那些想调和凯恩斯主义模型与更传统思想的人认为，《通论》把货币存量表述为一个给定数量并没有什么问题。而那些倾向于把凯恩斯解释为异端经济学家的人，却总是试图证明凯恩斯在《通论》中把货币存量看作是一个内生变量。如前所述，我们不排除正确的解释可能处于上述两种观点的中间。准确地说，如果《通论》中的货币存量是一个给定数量，那么，它就不像新古典模型所描述的那样，是由某种严格的货币供应定义决定的，而是因为以下事实被认为是实现均衡的条件：生产企业的经常性开支与经常性收入之间的平衡（结果是在稳态经济中，总有一笔不变的银行债务）。如果凯恩斯在《通论》中认为货币存量不变，那么，我们不应该判断这是在采取一种简化模型的方法，或者认为是在采取把货币当作外生变量的方法。这更应该是一种对稳态条件下货币经济中生产企业均衡状态的简单定义。

为投资融资

如果新生产的资本品在市场上发现了一个购买者,就出现了为投资融资的情况。出售新的资本品有两种可选择的形式:

(1)资本品可以间接地出售给储蓄者,即通过在金融市场上出售证券。这种运作的典型形式是储蓄者购买企业发行的股权。储蓄者通过购买股权成为股东,因而成为生产企业的共同所有人。

(2)资本品可以在生产企业之间交换。当盈利企业把利润用来从资本品生产企业那里购买资本品时,这种交换就发生了。更通常的情况是,生产资本品的企业决定留存并直接使用这个资本品,从而以实物形式实现其利润。

这两种在市场中处置新资本品的形式都暗示了储蓄行为的存在(无论这种储蓄来自工资收入者还是生产企业),因此投资的最终融资来源是储蓄。如果储蓄出自工资收入者的自由决策,那么这种储蓄可以被称作自愿储蓄。如果生产企业使用利润购买新的资本品,有人可能倾向于把这种储蓄定义为被迫储蓄(我们在第9.3节再详细讨论这一点)。无论如何,我们可以得出结论,不管是自愿储蓄还是被迫储蓄,任何投资的最终融资都来自储蓄。[5]

对这个结论要再多说几句。前面说过,第一种可能性是稳态经济的情况,其中流动性余额的需求保持不变。在这种情况下,工资收入者的储蓄完全投在金融市场中,通过在金融市场上发售证券或生产企业赚得的利润,新生产的资本品得以全部售出。因为工资收入者花费了其全部收入(无论是花费在商品市场还是金融市场上),生产企业得以偿还其全部的银行信贷。如果在所研究的时期的期初,生产企业就已欠有银行债务,那么其债务将保持不变,始终等于消费者持有的流动性数量。

当流动性余额需求增加时,情况似乎将略有不同。在这种情况下,工资收入者将用其部分储蓄增加银行存款,剩下部分才会在金融市场上处置。在这种情况下,如前所述,企业的银行债务也将增加,增加的幅度正好等于消费者流动性余额的增加幅度。生产企业在金融市场发行证券所吸收的资金要低于新产出资本品的成本。因此,生产企业的所有者——即股东——将注意到,虽然开设了新工厂、购买了新设备,企业的总财富增加了,但其银行债务负担也额外增加了,额外增加的部分等于消费者决定持有的流动性余额增加的部分。在此,投资仍然由储蓄提供融资,区别只在于,储蓄者为增加其流动性余额,通过其拥有股权的企业以一种间接的方式向银行举债了而已。

由此得出的结论,即最后为投资提供融资的总是储蓄。这对发展中国家来说有特别的意义。一个普遍的观点是,发达国家有充裕的储蓄流,而发展中国家的私人或政府投资面临着储蓄不足的困境(Chick,1986;Studart,1995:36—39,51—54)。因此,发展中国家的投资必须部分或全部通过银行信贷进行融资。而前面的分析表明,这个观点大可辩驳。发展中国家的储蓄倾向确实一般都比较低,但是,一旦计划和实施了给定数量的投资,则将不可避免地形成相等数量的储蓄。如果储蓄倾向较高,储蓄者将购买与投资相等的额外的金融财富;如果储蓄倾向较低,投资将通过被迫储蓄的方式进行融资,生产企业将获得相应数量的利润。在这两种情况中,投资都是由储蓄融资的。银行信用解决的只是另一个问题——使经济行动者可以持有其想要的流动性余额数量。

开放经济的情况当然有所不同。这时,超过储蓄的投资可以通过国外输入的资本进行融资。但是,在这种情况下,投资也同样是由储蓄融资的,即使这是通过国外储蓄,而不是国内储蓄。无论如何,都可以排除所谓银行为投资融资的情况。

3.6 对主流文献的一些评论

在前一节中我们提到,文献中普遍存在着这样的说法:投资支出的融资来源于或可能来源于银行信贷,对银行信贷的需求取决于生产企业的投资计划(或追加投资计划)。这事实上是大多数对信贷部门作单独处理的宏观经济模型的共通之处。

一个主流文献的例子是莫迪格利安尼-帕帕蒂莫斯(Modigliani-Papademos)的宏观经济模型。[⑥]他们的模型不仅详细讨论了银行部门,而且假设银行信贷是企业融资的唯一来源,这对我们有关问题的讨论来说是一个方便参照点。典型的宏观模型一般都忽视银行,假设金融市场是唯一融资来源,而莫迪格利安尼-帕帕蒂莫斯模型正好相反。

下面的等式描述了这个模型的主要部分:

$$Y=W+P \tag{3.1}$$

$$W=\beta Y \tag{3.2}$$

$$P=(1-\beta)Y \tag{3.3}$$

$$S=s(W+P) \tag{3.4}$$

$$I=I(r_L) \tag{3.5}*$$

$$Y=\frac{1}{s}I \tag{3.6}$$

$$I(r_L)-S_P=\mathrm{d}L \tag{3.7}$$

$$S_w=\mathrm{d}D_S+\mathrm{d}D=I-S_P(Y)=\mathrm{d}L \tag{3.8}$$

$$r_S=f(r^*) \tag{3.9}$$

$$D/D_S=f(r_S) \tag{3.10}$$

式(3.1)定义收入是工资与利润之和。式(3.2)和式(3.3)定义工资与利润在国民收入中的份额是给定的。式(3.4)定义总储蓄,并假设居民与企业储蓄倾向相等。式(3.5)定义投资是银行贷款利率的函数。式(3.6)按照通常的乘数机制定义收入(这个等式隐含着储蓄与投资之间的相等关系)。式(3.7)指出投资融资部分来自内部储蓄(使用利润进行再投资),部分来自银行信贷。式(3.8)定义居民储蓄是储蓄存款与活期存款(demand deposits)之和(因为假设金融市场不存在,存款是居民仅有

---

* 原文是 $I=(r_L)$,疑误。——译者注

的储蓄选择)。银行存款总增加额在定义上等于向企业提供的信贷总增加额。信贷需求(等于投资)与银行创造的信用(等于新增存款)之间的均衡状态决定贷款利率。式(3.9)指出银行设定的储蓄存款利率是中央银行设定的官方贴现率 r^* 函数。式(3.10)定义活期存款需求与储蓄存款需求之间的比率是储蓄存款利率的函数。

这个模型包括 10 个等式,10 个未知变量和 3 个外生变量(贴现率、储蓄倾向和分配系数 β)。

这个模型清晰地研究了最终均衡状态下的经济情况。因此,模型中反映的流动性数量等于居民最终的流动性余额需求数量(在这里是指银行存款)。模型没有考虑最初为使交易变得可能而创造出来、后来又被部分毁灭的流动性数量。同时,现存的银行存款数量也是企业银行债务数量的度量。

但是,这个模型仍然存在一些尚未解决的问题。

首先,模型只研究了最终均衡状态,没有反映银行为经常性交易融资提供流动性这一常规职能。模型没有包括金融市场,而且银行存款是居民储蓄唯一可能的去向,因此,银行被指派了为投资融资的职能。

这个模型还有一个反常的地方是,由于不存在金融市场,居民全部现行储蓄都用来增加银行存款。因此,通常决定流动性余额需求的因素(经常性交易、谨慎、投机)也不存在。

最后,实际积累与(由储蓄者持有的)金融财富存量的增加相对应,同时,在这个模型中,在现行储蓄处于正的范围内,对现有的银行存款并没有任何限制。

伯南克(Bernanke)与布林德(Blinder)提出过一个与莫迪格利安尼-帕帕蒂莫斯模型不同的模型,这个模型同时包括银行部门和金融市场。[7] 他们首先定义了银行的资产负债表:银行唯一的债务是存款 D;银行资产包括贷款 L、证券 B 和储备 Z。因此,贷款被定义为:

$$L = D - B - Z$$

银行受储备率 q 约束($Z=qD$),因此,上式进一步写作:

$$L=\left(\frac{1}{q}-1\right)Z-B$$

银行按照当时市场上贷款和证券的利率,r_L 和 r_B,在两者之间进行权衡取舍:

$$B=B(r_L,r_B);\ L=L(r_L,r_B)$$

同样,生产企业的投资也是这些利率的函数:

$$I=I(r_L,r_B)$$

企业融资包括以下方式:发行证券、自我融资或银行贷款。因此,生产企业的银行贷款需求 L^d 等于投资减去新发证券和自我融资部分。如果自我融资忽略不计,则有:

$$L^d=I(r_L,r_B)-B$$

在信贷市场上,银行贷款利率由供求平衡决定。

银行存款供给取决于银行储备要求:

$$D^s=\frac{1}{q}Z$$

同时,对银行存款的需求是证券利率的函数。均衡状态决定证券利率:

$$D^d(r_B)=\frac{1}{q}Z$$

这个模型非常接近于凯恩斯主义利率理论。金融市场上的利率由流动性偏好结合现有货币数量决定。

这个模型也有一些尚未解决的问题。模型中,法币只被用作银行储备,而且银行存款既是居民的流动性余额,也是生产企业的银行债务。按照伯南克和布林德的说法,投资是生产企业银行贷款需求背后的动机,因而其融资来源于银行信贷。但是,换一种说法可能也对,甚至更准确,即投资对应于储蓄,银行为居民持有流动性的需求提供融资。

3.7 货币的历史起源

过去对货币与货币支付的定义都隐含着一个关于货币起源最流行的说法。如前所述,这种说法认为货币起源于商品货币,商品货币由一种特定商品(例如盐、牲畜等)构成,而之所以选择这种商品,是因为其具有特殊的技术属性。商品货币后来被贵金属(金、银等)取代,继而又被铸币(以消除成分和重量上不确定性)和作为金属货币符号的纸币所取代。最后,银行存款、信用卡和电子货币取代了这些货币。这种理论把货币起源述说成了一个漫长的历史渐进过程,两个世纪以来,得到了许多著名理论家的支持。[8]

这种理论继承了传统的个人主义理论,认为市场能自发选择某种商品,使其成为被普遍接受的支付工具。但是,反对这种理论的人坚持认为,只有法律才能决定使用哪种支付手段可以结清债务。凯恩斯说:"……正是国家……决定了必须用什么进行交割,才能合法或符合惯例地解除合同;这些达成的合同规定了记账货币单位的标准……这是所有现代国家都主张的权利,有些国家主张这个权利至少有 4 000 年了。"(Keynes,1971[1930]:4)[9]

现代国家的支付体系都建立在中央银行——或欧洲货币联盟(EMU)这种超国家的中央银行——发行票据的基础上。这一点使许多经济学家调整了对货币的定义。根据他们的观点,我们应该认为,并非任何一种市场普遍接受的支付手段都是货币,只有那种依法被视为解除债务工具的特定支付手段才是货币。德国经济学家卡纳普首先提出了这个著名的"国家货币理论"(Knapp,1924[1905])。根据卡纳普的理论,只有依靠国家权力,而非市场自发的运作,商品才能转化为货币。许多最权威的经济学家都支持这个理论。[10]

要补充说明的是,法律可以规定某种特定的支付手段能解除债务,但这并不足以使之在任何场合都被用作为支付手段。事实上，出售者可以不顾法律规定，要求用所谓的强势货币支付，否则就拒绝出售某种商品（这种现象在一些国家普遍存在，在这里法律承认的官方支付手段是当地的弱势货币，而出售者要求支付外国的强势货币）。法律能做的是增强某种特定货币的吸引力，例如，规定必须用这种货币来纳税。⑪

马克思主义经济学家既否认货币持续进化理论，也否认货币的法律不可抗拒理论；前者认为市场自发选择是货币进化的决定性因素，后者认为靠强力可使某种支付手段成为货币。正统的马克思主义经济学家认为，唯一真实的货币是一种因有劳动内容，而成为其他商品价值尺度基础的商品货币。而一些继承了马克思主义传统的经济学家提出的另一种解释，则倾向于接受现代社会结构进化的观点。根据这个思路，海因索恩（Heinsohn）与斯泰格尔（Steiger）曾详细阐述过一个关于货币起源的具体假说，这个假说使他们承认现代货币本质上是信用。他们讨论的起点是，我们生活的社会已经不是土地作为共同体公共财产的原始社会，而是生产资料私有化的资本主义社会。在古代社会，土地是公共财产，在共同体成员中按平均标准分配产品，没有人会产生保持流动性余额的需求。如果这个共同体要自我保护以抵御某种不测，可用的只能是实际的而非货币的手段（只有通过窖藏一定存量的小麦，才能避免歉收的威胁；如果个人歉收，可以靠产品的分配获得保障）。随着私有财产的出现，情况完全改变了。现在共同体已经不会在共同体成员中平均分配可得到的产品了，如果某个人的收入发生了偶然的下降，他为了渡过难关只能举债。在这种情况下，债务出现了，货币表现为一般等价物并逐渐被用来测度债务的价值。既然债务带有支付利息的义务，那么，生产者举债就需要有利润可图。⑫

注　释

① 里斯提出了一个附加要求：为使真正的货币经济存在，这种三角交易应

该成为市场惯例。在这种情况下,交易中介活动成了一种常规的职业行为,中介机构(以银行为典型)也为吸引客户而互相竞争。碰巧的是,银行会向使用本银行服务和在本银行开立存款账户的行动者提供某种回报,而不是要求行动者支付费用(Riese, 1992)。

② 现在,国际市场上仍然存在商品货币。值得注意的是,继承马克思主义传统的经济学家都强调以下观点,并认为这是一个普遍原则,即在资本主义经济中,价值由商品中的劳动含量决定,只有商品货币才能用作衡量价值的标准(De Brunhoff, 1976[1967])。

③ 里斯有一个类似的观点,即对流动性余额的需求在由货币当局或银行部门人为造成信贷短缺的时候产生(Riese, 1998)。

④ 循环论者对货币创造的过程有各种不同的解释。大多数论者认为,银行体系创造货币,是通过把私人的支付承诺转化为一种在市场上被普遍接受的支付手段。沿着这条思路,帕尔盖把货币定义为一种银行背书的私人支付承诺(Parguez, 1984:98)。施密特则相反,认为银行体系只有提供信贷的能力,并没有创造货币的能力。他认为,只有在签约两方达成一致时,货币才能从中产生;根据这个观点,银行只是支付的赞助人而已。由此,货币不是银行创造的,而是经济行动者自己创造的——他们一旦决定把银行作为其互相支付的管理者,他们就创造了货币(Schmitt, 1984,第4章:110)。

⑤ Chick(1995:30—31)指出,储蓄的作用是为投资提供资金。凯恩斯从另一个角度也提出过一个相似的理由(Keynes, 1973a[1936]:81ff.)。还应重提一下的是,一般认为是米塞斯首次提出了"被迫储蓄"这个术语,但这是不对的(Hansson, 1992:140—141)。米塞斯在《货币与信用理论》(*The Theory of Money and Credit*)第一版(1912年)中详细讨论了被迫储蓄的问题,但是,关于他是否最早提出了这个概念存在很多争议。他后来承认,在德文文献中魏克赛尔是首次使用这个术语的(von Mises, 1928,第2卷第2节,n.1)。熊彼特澄清了这一点[Schumpeter, 1954,第3卷第7章,4(a):724,第4卷第8章第7节:1115]。此外,德维蒂·德马科等意大利经济学家甚至在魏克赛尔之前就已经使用了这个术语(De Viti De Marco, 1885:205)。哈耶克对这个概念和术语的演变有过一个全面的阐述(Hayek, 1932, 1935:18ff.)。

⑥ 参见Modigliani和Papademos(1990:463ff.)。下面只引述模型中与我们讨论的问题相关的部分。

⑦ 参见Bernanke和Blinder(1988)。

⑧ 参见Galiani(1780,第1卷第1章;Ferrara, 1961[1856:1ff.])、Menger

(1892)、Marshall(1961[1920]，附录 A)、Hicks(1989：63ff.)、Clower(1977：211)。Benetti(1991)和 Realfonzo(1998)对这个长期争论的问题作了总结。凯恩斯一直都不同意这个传统的说法(Keynes，1983[1914]：421，*Collected Writings*，第 11 卷：406)。熊彼特也提出了类似的反对意见。根据他的观点，货币的实质性功能在于其执行支付的能力，而对其具有物质性实质的要求，不过是原始社会强加于其上的一种外在复杂化而已(Schumpeter，1970：213ff.；De Vecchi，1993：64ff.)。

⑨ 里斯也有相同的观点。他认为，只有法律才能决定一笔债务最后如何结清。因此，货币只能是由一个有权发行法币的机构(在现代社会是中央银行)创造的(Riese，1998：47，56)。凯恩斯和里斯论述的基础都是卡纳普的《国家货币理论》(*State Theory of Money*)(Knapp，1924[1905])。

⑩ 参见 Hawtrey(1927：2，1931：545)、Keynes(1971[1930]，第 1 章：4，6)。凯恩斯也是卡纳普著作英译本的推介者。现在，国家货币理论最有力的倡导者是里斯(Riese，1998)。Cesarano(1995)对这个理论的最新进展作了综述。

⑪ 银行家约翰·劳(John Law)在其金融冒险的某个阶段曾获得过一个特权，即巴黎市政府只接受用他的银行发行的纸币缴纳的税款(Jannaccone，1946：88)。同样，Sismond(1919[1819]：11)提到，奥地利的玛丽亚·特蕾西亚女皇为了支持维也纳银行，也曾规定必须用这家银行发行的纸币来纳税。

⑫ 海因索恩与斯泰格尔表明，流动性余额的最初形式是如何从寄存于修道院和寺院的实物储藏中产生的。寄存人收到的收条可以作为货币流通。因此，古代的货币也是信用货币。海因索恩与斯泰格尔在提出这个理论后对其有过多次重新阐述和完善(Heinsohn and Steiger，1983，1996，2000，2001)。

4

银行的货币创造

4.1 贷款创造存款

我们已经注意到,循环论不认同存款创造贷款的观点。熊彼特早就认为这个观点只是一种陈旧的偏见。[①] 循环论持相反的观点,认为贷款创造存款。[②]

这个"陈旧的偏见"的基本假设是,如果没有事先吸收的存款,银行体系就没有发放贷款的能力,因为银行在放贷时利用的是事先吸收的存款。对银行技术稍作研究就可看出这个观点是前后矛盾的。经济行动者存入一笔银行存款时,并没有遭受流动性上的损失,因为通常他仍可以不通知银行,随时使用这笔存款,将其用作支付手段。同时,如果银行发放了一笔新贷款,它就向经济行动者提供了新增的流动性,而存款者的流动性也并没有因此有所减少。因此,如霍特里(Ralph Hawtrey)总结的,银行向客户放贷时,并未将流动性从一个行动者转移到另一个行动者,而是创造了新的流动性(Hawtrey,1931:548;Schumpeter，1934[1911]，第 3 章第 1 部分）。

　　假设在一个不存在政府部门的纯粹信用经济中，贷款创造存款的原则无须多加解释。这一原则事实上是自明的，如果没有商业银行发放的贷款，经济行动者将会面临流动性的绝对缺乏，当然也不可能有存款。另一方面，商业银行不必为发放贷款而事先吸收流动性这一点也是自明的。

　　有人以为政府部门的存在会使情况有所不同，但这可能也是一种误解。经济行动者若是从政府那里收到一笔支付的款项，无疑可以把这笔新增的流动性存入银行。这时，看上去银行事先并没有提供过贷款，而随后发放的贷款都源于这笔新的存款。但事实上并非如此。我们可以设想一下以下三种情况：

　　（1）政府使用来自税收收入或新发债券收入的流动性。在这种情况下，政府支付的结果只是把私人部门已有的流动性带回了私人部门。因此，这种情况还是类似于前面讨论过的不存在政府部门的情况。

　　（2）政府通过新创造的流动性进行支付。在这种情况下，如果政府能进行支付，那也是因为银行体系（这里可能是中央银行）向财政部发放了贷款。同样，之所以有新增支付及后续存款，也是因为有了事先的贷款。

　　（3）最后要考虑的可能是，如果政府支付的手段不是中央银行货币，而是财政部发行的法币（硬币或纸币）。在这种情况下，政府是在利用其拥有的铸币特权优势，就好像为自己发放了一笔贷款，以进行这些必须的支付。

　　同样的理由也适用于商业银行基于存款而持有的自愿储备或法定储备。商业银行持有的储备也来源于银行体系的前期贷款。在这种情况下，中央银行可以向商业银行，也可以向政府发放贷款。政府借入储备，用以支付给个体行动者，并且这些个体行动者接下来还将把这笔支付作为银行存款存入银行。因此，在上述两种情况下，商业银行提取储备的来源都是中央银行的前期贷款。

4.2 托宾的批评

托宾在 1963 年的一篇著名文章中,曾批评过贷款先于存款的观点。他的论证基于一个简单推理:如果必须有银行存款存在,一定是因为某个行动者希望持有银行存款。因此,托宾认为,银行存款存在的根本原因不是银行发放贷款的决策,而是某个或某些行动者以银行存款的形式持有其部分财富的决策。如果所有行动者决定以其他形式(实物商品、金条、珠宝、证券)持有其财富,银行存款将必然消失。毕竟,决定银行存款存在的因素,归根到底不是银行贷款的存在,而是存在对存款的需求。银行存款的数量取决于储蓄者如何配置其资产组合的决定(Tobin,1963)。

托宾在解释过程中重提了一些凯恩斯主义的基本观点,即:

(1) 货币需求就是为防范可能的不测而持有流动性余额的需求,是对某一特定财富的需求;

(2) 这种需求取决于行动者在货币和有息证券之间配置其财富的决定;

(3) 这个决定与现有的货币存量结合,共同确定了利率水平。

但是,凯恩斯在《通论》中考虑的是一般货币,并不特别关心银行存款创造。托宾的这个解释分析的是银行货币的创造,因此,这不仅仅是一种解释,而且应被看作是对凯恩斯主义理论作了整合。事实上,托宾的方法较有深刻的独创性。传统的银行理论(如第 2.7 节提到的)认为,银行贷款数量取决于储蓄数量;但托宾的理论认为,最终决定因素也不在于储蓄,而是行动者的资产组合选择,是由他们决定的在实物商品、证券和银行存款之间配置储蓄的方式。

托宾的观点并不能完全使人信服。经济行动者决定其财富构成这一点当然无可非议。但是,某个行动者能够决定其资产组合构成这一点本身,并不意味着这个决策有能力增加或减少银行存款的总量。

为审视这个观点,我们来考虑某个行动者想改变其资产组合构成的情况。如果这个行动者打算增加其银行存款,他必须出售其他资产(实物商品或证券);如果他打算减少银行存款,他必须使用部分存款购买其他种类的资产。在这两种情况中,他至少要找到一个在相反方向上想改变其资产组合的其他行动者,当而且仅当这个时候,他才有可能实施他的计划。整个运作的净结果是,银行存款总量保持不变。

如果现在提一个相反的问题:什么样的运作才能导致存款总量的增加或减少?那么,我们将得到一个完全不同的回答:唯一能导致银行存款总量增加的运作,是银行发放新贷款的决定。同样,只有行动者用其存款减少其银行债务,才能导致存款总量的减少。不管如何,行动者削减其银行债务的决定,其结果显然是银行贷款数量的减少。因此,结论是,唯一改变存款总量的办法是改变银行贷款总量。

我们现在考虑一个有银行存款和法币两种支付手段的经济,并且考虑某个行动者想增加持有法币而减少其银行存款的情况。普遍存在的看法是,任何对现金偏好的增加,都将减少银行体系的信用潜能。如果银行真的一开始就已用足了可贷资源,* 它们当然不得不削减其贷款,存款也将跟着减少。但是,这里贷款减少与存在法定储备要求有关,并非是银行存款需求减少的结果。

我们再来审视一下最后一种情况。设想储蓄者增加对银行存款的偏好。这时,储蓄流向存款的比例增加,流向证券的比例减少。因此,生产企业将被迫更多采用贷款融资,从而增加银行债务。存款需求的增加看上去导致了贷款数量的增加,但事实上,这里贷款数量增加是因为贷款需求的增加,而不是因为供给的增加,更不是因为银行可得信用的增加。

存款创造贷款的观点之所以现在仍然盛行,是因为大多数经济学家

---

* 这是指贷款已经达到储备允许的上限的情况。——译者注

首先想到的都是单个独立的银行,在这种情况下,银行靠吸收存款来吸收储备。不可否认,存款的增加通过储备数量的增加,提升了单个银行的信贷能力。但是,这个结论对作为一个整体的银行体系来说并不适用,因为整个银行体系的储备增加只能是中央银行增加贷款——不是发放给单个银行,就是发放给政府——的结果。由此看来,贷款创造存款的原则是不应该放弃的。

4.3　文献评论

不能忽视的是,虽然贷款创造存款作为一般原则已被普遍接受,相反的存款创造贷款原则却仍然经常在不同文献中冒出头来。这个原则底下的典型新古典经济学观念是,储蓄是投资的前提条件,银行存款是储蓄的一种形式,存款就其功能而言是一条引导流动性流向投资者的渠道。如前所述,储蓄先于投资这一长期存在的观念,在以下事实中可以找到解释:在实际工资预先支付的经济中,储蓄确实是先于投资出现的[参见第 2.3 节;同时参见 Graziani(1994)]。但是,新古典经济学模型的基础是一种相反的观点,即工资和其他形式收入的支付发生在生产过程结束之时。如果收入的支付发生在生产过程结束之时,储蓄供应先行就没有必要了。虽然这种早期工资理论的痕迹未经说明,在现代银行理论中保留了下来。

在非对称信息文献中,可以看到这种意识倾向的典型例子。不少人认为,因为缺少关于单个投资者的信息,储蓄者可能不去直接发放贷款,而偏好以银行存款的形式保持储蓄。而这种储蓄并不会减少投资,因为银行基于吸收的更大数量的存款,能发放更大规模的贷款。但是,如前所述,这个推理是不对的。如果储蓄者可以得到某种流动性,这种流动性只能从以下某种来源中得到:(1)如果流动性来源于银行部门,那么以银行存款形式持有这种流动性本身,并不会增加银行体系整体的信贷能力;(2)如果流动性来源于政府赤字开支,这确实会增加银行体系的信贷能力。但是,由于造成赤字开支的根源是政府向中央银行的借债,这意味着赤字引起的银行存款增加,是因为之前已有一笔贷款存在(准确地说,是中央银行向政府提供的贷款)。最后,(3)如果某个储蓄者决定向另一个行动者发放一笔个人贷款,这个决定使他的存款减少,并使另外某个人的存款增加,但存款总量未变。因此,不管怎么说,贷款都不可避免地是存款的根源。

4.4　单个银行的信贷能力

在现在的银行理论中,银行体系整体信贷能力是从将各个银行合并为一个整体的角度来分析的。对单个银行信贷能力的研究更少。我们先简要地讨论后一个问题,然后用更长的篇幅探讨前一个问题。

如果存在某个法定储备率,整体银行体系的信贷能力取决于基础货币、法定储备率和公众对现金超过存款的偏好。如果 r 是法定储备率,c 是行动者想以现金形式持有的流动性在全部流动性(现金加银行存款)中的份额,Z 是流转中的现金总量,其中银行持有部分是 Z_B,公众持有部分是 Z_P,D 是银行存款,CR 是信贷总量(公众持有的现金加银行存款),那么,用上述定义的符号,有以下结构等式:

$$Z = Z_B + Z_P$$
$$Z_B = rD$$
$$CR = Z_P + D$$
$$Z_P = c(Z_P + D)$$

因此,银行存款定义为:

$$D = \frac{1-c}{c+r(1-c)} Z$$

如果不存在法定储备($r=0$),则银行存款简化为:

$$D = \frac{1-c}{c} Z$$

设想一个纯粹的信用经济,规定所有交易都通过划转银行存款进行,则并不需要法币的存在($c=0$),银行体系具有无限的信贷能力(随着 c 趋于 0, D 趋于无限大)。如果没有法定储备率,对现金偏好为 0,商业银行体系的信贷扩张将没有任何限制。对不必保持外汇储备的封闭经济来说,这个有关整体银行体系(中央银行与商业银行)的结论也同样适用。银行家和经济学家哈恩(L. A. Hahn)说过,如果有人想给整个银行体系造成流动性问题,他必须从银行存款中取出现金并把它带到月亮上去(Hahn, 1954; Hahn, 1920)。这个原理对所有国家的银行体系都是适用的,由此,世界银行体系作为一个整体的信贷创造能力并不受限制。如果某一个国家的银行体系与其他国家同步扩张信贷,这个国家就是在运用这个原理[同样,如果某一个银行与其他银行同步扩张信贷,这个银行也是在运用这个原理,参见 Keynes(1971[1930],第 1 卷第 2 章第 i 节:26)]。

设想单独一家银行的情况。类似于整体银行体系,单个银行的信贷能力取决于其可用储备数量、法定储备率(如果有这个要求的话)、公众对现金超过存款的偏好,以及公众对在这家银行存款超过在其他银行存款的偏好。我们分别讨论这些贷款能力的决定因素。

单个银行可以自行处置的储备数量,取决于中央银行创造的储备总量和这家银行为保证自己经营而在储备总量中争取到的份额。因此,单独一家银行的储备数量取决于其吸引新客户的能力,这是银行间竞争不断的原因所在:各家银行都希望吸引到更多的客户数量,占有最大的市场份额,从而在中央银行创造的储备中占有最大的份额。

在对某家银行存款(超过持有现金或超过在其他银行存款)的偏好这一因素上,也有类似的情况。每家银行都想增加其客户数量,因为存款市场份额的增加可以带来两个正面效应:这家银行汇集的储备数量上升,同时,这家银行的储备要求下降(这点下面讨论)。因此,这家银行的信贷能力将得到倍增。

同一国家内各家银行的法定储备率显然是相同的,但各家银行按其管理标准自行决定自愿储备。简单地说,每家银行的储备要求与这家银行在存款市场上的份额呈反向关系。

我们下面将论证这个观点。想象一家不需要储备、经营覆盖整个市场的银行,就像在考虑一个银行体系的整体,这家银行的信贷能力是无限的——可以自行决定发放任何数量的贷款。对此,费雪有过一个"挥笔"就可以创造出货币的著名想象。在另一个极端,想象一家只有一个客户的银行,银行持有的储备数量将被迫等于吸收到的存款数量。事实上,这家银行向其唯一的客户发放的任何贷款,只要这个贷款接受者使用这笔贷款进行支付,在定义上都意味着储备的减少。银行的信贷能力完全等同于其持有的储备数量。

通常的情况下,银行的市场份额介于 0 到 100% 之间;市场份额越高,储备要求越低。魏克赛尔指出了这一点,他注意到如果银行独占全部存款市场,则将享有整体银行体系的无限信贷能力(Wicksell,1936[1898],第 6 章 C 节,66—68)。埃奇沃斯(Edgeworth)在其有关银行的数学理论文章中也指出了这一点,虽然他的表述不够完整。埃奇沃斯模型中的变量不包括银行市场份额。他设想一种具体情况,有 n 家银行决定将它们的储备存入一家主要银行,以形成一种互相协调的机制。他评论道,在这种情况下,"现在平均必须保持的储备,将小于过去平均储备的 n 倍"(Edgeworth,1888:126)。几家银行把他们所有的储备汇集起来,很像是一家大银行;因此,埃奇沃斯的例子完全类似于前面讨论的情况。两者的区别只在于,埃奇沃斯像大多数研究者一样,只考虑客户把流动性从银行中抽走,以现金形式持有流动性的危险;他没有考虑到部分客户把存款转移到另一家银行也可能导致银行的流动性损失。如果把两种可能性都考虑进来,显然要引入两个参数:公众的现金偏好和这家银行的市场份额。由此,如前所述,每家银行不断地挖取其他银行的存款有双重理由：银行存款每增加一笔，不仅可以增加自身储备的绝对数量，也可以降低法定储备率水平。

对前述问题更形式化地阐述如下。设想有 N 个行动者的市场，在每单位时间内，每个行动者进行支付的金额相同。如果银行 j 的存款者人数为 N_j，其市场份额为 d_j，则有：

$$d_j = \frac{N_j}{N}$$

因此，任何一个行动者向另一家银行的客户进行支付，引起银行 j 储备减少，其概率为：

$$p_1 = \frac{N - N_j}{N - 1} = \frac{1 - d_j}{1 - 1/N}$$

如果银行能够保证稳定的市场份额（即 N 和 N_j 同比例变化），那么，随着 N 趋于无穷大，p_1 将趋于 $1 - d_j$。

假设在给定的一个会计单位时期内某个客户向其他银行客户的支付中，有一部分支付在同时期内不存在相等数量且相反方向的对应支付可与之抵消。我们定义这些支付没有抵消的概率为 φ。那么，一家银行遭受流动性流失的概率等于以下两个事件的复合概率：（1）这家银行的某个客户向另一家银行的某个客户进行支付；（2）当期内没有抵消这笔支付的相反方向的支付。因此，在 N 趋于无穷大时，这个概率为：

$$p_2 = (1 - d_j)\varphi$$

假设，银行认为最优储备率水平与储备减少的概率之间保持一个比例系数为 θ 的关系（这个系数反映银行对风险的态度）。那么，最优储备率 r^* 为：

$$r^* = \theta(1 - d_j)\varphi \tag{4.1}$$

现在可以重新讨论单个银行的信贷能力。单个银行潜在的存款数量 D_j 等于储备数量 Z_j 乘以储备比率的倒数：

$$D_j = \frac{1}{\theta(1-d_j)\varphi}Z_j$$

在现有的总储备 Z 中，由这家银行持有的部分可以定义为等于这家银行的存款市场份额：$Z_j = d_j Z$。由此，

$$D_j = \frac{d_j}{\theta(1-d_j)\varphi}Z \qquad (4.2)$$

如果不存在政府部门，商业银行持有的全部储备都是借来的储备，并且，如果商业银行唯一的资产是向私人行动者发放的贷款，那么，贷款等于存款，前述公式也可用来表示每家单个银行的信贷能力。

如果存在政府部门，并且政府部门从中央银行获得信贷，那么全部储备总和等于商业银行的负债加上政府对中央银行负债的总和：

$$Z = Z_B + Z_G$$

同时，根据单个商业银行的预算限制，资产（贷款 L_j 加储备 Z_j）应等于负债（存款 D_j 加对中央银行的负债 Z_{Bj}）：

$$L_j = D_j + Z_{Bj} - Z_j$$

用前面定义的储备等式代入，并注意到单个银行的储备等于总储备中的 d_j 部分（$Z_j = d_j Z$），因此，

$$L_j = D_j + d_j Z_B - d_j(Z_B + Z_G)$$

即，

$$L_j = D_j - d_j Z_G$$

代入式（4.2）定义的存款，得到：

$$L_j = \frac{d_j}{\theta(1-d_j)\varphi}Z - d_j Z_G$$

因为 $Z=Z_B+Z_G$，我们得到：*

$$L_j=d_j\left[\left(\frac{1}{\theta(1-d_j)\varphi}-1\right)Z_G+\frac{1}{\theta(1-d_j)\varphi}Z_B\right]$$

可以看到，每家单个银行创造信贷的能力不仅取决于总储备数量，而且也取决于这家银行在存款市场上所占的份额。

要补充说明的是，托宾的银行企业模型实际上也有类似的分析（Tobin，1982a）。托宾没有提到单个银行的市场份额，却引入了一个所谓的再存款率（rate of re-depositing）变量，以衡量某家银行发放的贷款被用来向同一家银行的其他客户进行支付的数量，这种支付避免了储备流失。再存款率与银行市场份额有明显的区别，但这个概念也可以用来分析上述现象，因为银行的市场份额越高，银行发放的贷款被用来向同一家银行的客户进行支付的概率也就越大。[③]

上述结论将单个银行的信贷能力与其市场份额联系起来，解释了为什么银行家们会执着地认为只有通过吸收存款才能发放贷款。更准确地说，虽然在前期没有吸收存款，也没有从中央银行借入法定储备的情况下，单个银行也能发放贷款，但显然吸收存款仍然以各种方法增加了单个银行的信贷能力。同时，如果把银行体系作为一个整体来看，那么，上述这个观点显然是错误的；相反的观点反而是正确的，即贷款创造存款。只有当研究局限在商业银行部门内部，不包括中央银行，并假设政府赤字是储备的唯一来源时，存款先于贷款才是对的。因为在这种情况下，吸收存款是商业银行获得储备的唯一方法。

注　释

① 参见 Schumpeter（1954：1110—1117）。熊彼特在波恩大学的学生施纳

---

* 原文公式为：$L_j=d_j\left[\left(\frac{1}{\theta(1-d_j)\varphi}-1\right)+\frac{1}{\theta(1-d_j)\varphi}Z_B\right]$，疑误。——译者注

德(Erich Schneider)对这个说法有精彩的阐述(Schneider，1962，第 2 章第 3 节，n.15)。

② 许多经济学家都支持这个观点，例如，Hahn(1920)、Robertson(1926)、Keynes(1971[1930]，第 1 卷第 2 章)、De Viti De Marco(1990[1934]，第 3 章第 8 节)和 Marget(1966[1938]:160—171)。希克斯在《市场货币理论》(*Market Theory of Money*)中用很长的篇幅讨论了银行业。但是，很难说他对这个观点到底持什么态度，也不清楚他是主张贷款为先还是存款为先(Hicks，1989，第 6、7 章)。Realfonzo(1998)对这个争论作了完整的批判性讨论。贷款和存款何者为先的争论，有时与货币存量内生还是外生的争论相混淆(Palley，1997:133)。我们在后文将表明，贷款先于存款是一个难以否认的原则，而关于货币当局是否可以控制银行贷款数量和现有货币数量，倒是一个大有争议的问题。

③ 托宾的分析中有一个模糊的地方。托宾对单个银行的存款的定义，包括一个独立存款部分 D_0，但未对其性质作任何解释。因为所有的存款是由全部的贷款创造的，在单个银行存款中出现的 D_{0j} 项，在加总后应该等于 0。或者，如果我们只考虑商业银行部分，省略中央银行和政府部门，那么，D_{0j} 项的加总应该等于政府赤字创造的基础货币，这是商业银行前期无贷款发放的情况下能吸收到的存款数量。

⑤ G. L. S. Shackle: 《……的经济学》 (Schackle, 1967) 等
等。）

⑥ 参见 S. G. 等方法……等。 H. Harrod (?)。R. Robinson；
Kaldor (?) (1986)；等 等；J. G. Von Der Schneed, 1990
（参见 《Mathematics, 1987》第 200—??? 等系统 等
在 《Marginal Theory of Money》， 1985 等 等 … 等
等 等 … 等等 等等 等等 等 等 等 等 等 等
参见 《Clifton, 1977 中 E. T. ？》，Redhead, 1980，等 等
和 S. 等等 … 等等 等 … 等等 等 等 等 等 等 等 等
等等 … 等等 等 等 等 … 等 等 … (Pollins, 1987；1988 等等 等等 等
等等 等等 … 等等等 等 … 等等 等 … 等 … 等 等 等 等 等
等 等 等 … 等 等 等 … 等 等 等 等 等 … 等 … 等 等 等
等等 等 等等 等 … 等 等 等 … 等 … 等 等 等 … 等 等 等 等
等等等 … 等 等 等 … 等 等 等 … 等 等 等 … 等 等 等
等 等 等 … 等 等 … 等 … 等 … 等 等 等 等 等 … 等 等 等

收入分配

5.1　收入分配的各种理论

收入形成和分配理论可以划分为至少三种基本类型。

第一种是比较传统的新古典理论，其基础是单个经济行动者的自主决策。通过劳动市场上的协商，实现商品的边际效用和劳动的边际负效用相等，从而确定均衡就业水平（雇佣的人数和工作延续时间）。就业水平与生产性资源禀赋和可获得技术配合，一起决定产出总量和（在封闭经济情况下的）国民收入。同时，一旦确定就业水平，边际劳动产出也就确定了，进而实际工资水平与收入在工资和利润之间的分配也确定了。因此，消费者偏好（在要素禀赋和技术知识约束下）决定了整个经济系统的一般均衡。如前所述，循环论者并不同意消费者主权的基本理念，而支持生产者主权。我们下面将会详细讨论这一点。

第二种是凯恩斯在《通论》中提出的理论。根据这个

理论,国民收入不再取决于消费者的个人选择,而取决于以下两个方面的共同行动:生产企业的投资决策与消费者经由乘数机制形成的储蓄倾向。一旦收入水平确定了,收入分配者按照边际原则进行。[众所周知,凯恩斯在《通论》中接受了其所谓的古典理论第一假设,即实际工资率等于劳动边际产出(Keynes,1937a[1936],第 2 章)]。

第三种是凯恩斯在《货币论》(1971[1930])中采用的理论,后来经过卡尔多和琼·罗宾逊改造,现在一般被称为后凯恩斯主义收入分配理论。[1] 根据这个理论,生产企业在确定生产水平、资源在消费品和资本品之间的配置方面有充分的自主权(或者,换一种说法,假设充分就业是普遍情况,并且总产出由可获得的资源数量决定,因此,企业家决定投资水平后,再确定作为残余变量的消费品生产)。如果给定资本家和工资收入者不同的消费倾向,那么,工资和利润之间的收入分配必然决定商品市场上的供求平衡,以及由此而形成投资和储蓄的均衡。

卡莱茨基提出了另一种版本的后凯恩斯主义模型(Kalecki,1990[1933],1991[1942])。在这个模型里,企业家在商品市场上占据垄断地位。因此,他们能决定价格-成本比例和利润幅度(profit margin),及相应的收入在工资和利润之间的分配。因为资本家和工资收入者的消费倾向是给定的,收入分配决定平均消费倾向和收入乘数值。这个乘数与企业家决定的投资数量一起决定总收入水平。实际上,卡莱茨基版本与后凯恩斯主义的理论构造之间并没有区别。如果企业家提供了数量给定的消费品和资本品以出售,让市场力量去决定价格,其结果与另一种情况——企业家把消费品价格确定在使需求的数量与企业家决定的销售数量相等的水平上——在实质上是等价的。

如前所述,循环论者反对新古典经济学的就业和分配理论,而支持所谓的凯恩斯-卡莱茨基理论,这个理论又与卡尔多和琼·罗宾逊的后凯恩斯主义理论有紧密的对应关系。

5.2 不同的购买力

循环论关于收入分配的基本假设是,面对市场上的商品,工资收入者和企业的购买力有巨大的差异。工资收入者的支出受工资账单限制,而有严格的预算约束;企业的情况则完全不同。

在资源市场上,企业可以利用发放给它们的银行信贷,按照其生产计划雇佣劳动。同样这批企业,如果进入市场购买最终产品,将出现企业和消费者之间、企业和企业之间的多种交易。经过企业部门内部的交易,每个企业在总产出中获取一部分再生产所需要的产品。有的经济学家采取另一种方法来解释这种企业之间交易的特性。他们坚持最初提出的假设,以严格的逻辑推理,把企业部门看作为一个完整而合并的部门。据此,他们倾向于忽略在最终产品市场进行购买的企业,因为这意味着同一个行动者在销售和购买他自己生产的产品。如果我们把企业部门定义为单独一个完整的行动者,那么,更符合逻辑的想象似乎是,企业并不会出售总产出中那部分自己生产中计划使用的产出。

这种方法虽然能与其模型结构完全保持一致,但至少省略了这个过程中的一个重要方面,即企业在商品市场上的购买行为是如何得到融资的。为了不疏忽掉这一点,我们似乎必须放弃最初的假设,即把企业部门看作一个完整的部门,回到更现实的企业存在多样性的情形,企业不仅向消费者出售商品,并且也会互相交易最终产品。为避免分析上的复杂化,继续假设只生产一种既可用来消费,也可用作生产资料的产品。我们可以以此来仔细探讨企业对最终产品的购买是如何获得融资的,这一点在循环论的一般框架里是不应该被忽略的。

生产企业需要为其购买最终产品融资,就像在劳动市场上需要为支付工资融资一样。由此,最终产品市场上现在出现了两种需求,工资收入者的需求和生产企业的需求;前者以工资账单为限,后者以企业从银行能获得的信贷为限。企业需要的融资数量等于其购买的最终产品数量乘以市场上的通行价格。

容易看到,原则上,生产企业可以从银行那里获得(银行愿意提供给它们的)任何数量的融资,不管这个融资金额多大。事实上,由银行提供而被企业用于在商品市场进行购买的融资,是企业的一笔债务,这同时也将构成其他人的收入。如果我们考虑的是一个封闭经济,并且忽略增加流动性持有的可能性,那么,资金将从一个企业转移到另一个企业,而不会从企业部门流出。因此,企业作为一个整体从来不会有向银行偿还贷款方面的问题。不管期初贷款是什么,企业作为一个整体总能偿还这笔贷款。至于银行部门,同样的情况也很普遍。某个银行很有可能收不回其向某个企业发放的贷款,这意味着这个银行可能会出现流动性问题。但是,考虑整体银行部门的话,如果一个银行出现流动性短缺,那么另一个银行将会出现超额流动性,因此,银行部门作为一个整体并不会有储备损失。

因此,可以假设,只要排除窖藏增加的可能性,生产企业获得任何所需的融资数量应该不是什么问题。而如果任何数量的融资都有获得的可能性,那么,企业在原则上就拥有了不受限制的购买力。

5.3　货币价格的形成

我们采用以下符号:

w＝货币工资率

N＝总就业量

c, s＝工资收入者的消费和储蓄倾向

b＝生产企业决定为自己的生产需要进行的购买(或实际投资)在总产出中所占的份额

π＝平均劳动生产力

$X=$最终产品数量（消费加投资）

$C=$总消费

$I=$总实际投资

$I_m=$总货币投资 *

$B=$企业发行证券未偿还部分总额

$i=$证券收益率

$p=$最终产品的市场价格

每个时期工资收入者的总收入包括劳动收入和企业向他（作为储蓄者）支付的利息（等于iB）两部分。

总供给等于：

$$X=\pi N$$

商品市场的总需求等于消费加投资。工资收入者的消费等于：

$$C=c(wN+iB)$$

企业提供全部最终产品用以出售。同时，它们像购买者一样进入市场，购买总产出中的b份额。因此，以货币价值计算它们的投资开支等于：

$$I=b\pi Np$$

供求平衡决定均衡价格水平：

$$\pi Np=c(wN+iB)+b\pi Np$$

由此，得出均衡价格为：

$$p=\frac{1-s}{1-b}\left[\frac{w}{\pi}+\frac{iB}{\pi N}\right]$$

方括号内的项度量了以货币价值计算的生产成本（每单位产品中的

---

* 在后面的行文中，原文使用 I 代表总货币投资，并没有使用 I_m。——译者注

工资和利息成本),$(1-s)/(1-b)$是可以将成本转移给价格的乘数,因此是利润幅度的一种度量。

上述讨论有三点含义:

(1) 货币价格不取决于货币数量。事实上货币存量甚至没有在价格等式中出现(货币存量完全是内生变量,不是决定价格的变量)。

(2) 价格水平取决于储蓄倾向、投资倾向和货币成本水平(货币工资和支付的证券利率)。

(3) 只要货币周转速度保持不变,价格水平的每一个变化都将导致某个比例的货币存量变化。

工资收入者的平均实际收入为:

$$\frac{w+i(B/N)}{p}=\frac{w+i(B/N)}{\frac{1-s}{1-b}\left[\frac{w}{\pi}+\frac{iB}{\pi N}\right]}=\frac{1-b}{1-s}\pi$$

每个工资收入者的实际消费为*:

$$c\frac{1-b}{1-s}\pi=(1-b)\pi$$

这个结果需要加以说明。工资收入者的平均实际消费不仅取决于平均劳动生产力,而且取决于企业为进一步生产而决定购买(投资)的部分,即总产出中的 b 份额。与人们可能设想的不同,这个购买份额并不取决于消费品生产部门的绝对就业量。这意味着,工资收入者人均实际消费的增加,单凭消费品产出绝对量增加本身是不够的,还需要企业决定减少其在总产出中购买的份额。为实现人均实际消费的增加,工资收入者不仅要增加消费品生产,而且要改变就业结构,减少投资品生产中的就业比重。

利润率(rate of profit)可以定义为净总产出价值与以货币量为标准

---

* 原文中,等式为:$c\dfrac{1-b}{1-s}=(1-b)\pi$,疑误。——译者注

计算的生产成本的比率：

$$r = \frac{\pi N p - (wN + iB)}{wN + iB} = \frac{1-s}{1-b} - 1 = \frac{b-s}{1-b}$$

按照货币价值计算，总利润可以定义为利润率乘以投资资本的货币价值：

$$P = r(wN + iB) = \frac{b-s}{1-b}(wN + iB)$$

按照实际价值计算，利润等于货币利润除以价格水平：

$$P/p = \frac{\dfrac{b-s}{1-b}(wN + iB)}{\dfrac{1-s}{1-b}\left(\dfrac{w}{\pi} + \dfrac{iB}{\pi N}\right)} = \frac{b-s}{1-s}\pi N$$

关于这个结果，我们需要进一步说明，如下：

(1) 利润水平直接取决于货币价格水平。诚如循环论的奠基者之一施密特说的，"利润产生于商品市场"（Schmitt，1984，第 4 章：134—135）。

(2) 实际利润不取决于企业为其发行的证券支付的利率。因此，想通过控制企业支付的利率来影响投资决策的尝试注定是无效的，因为这不会影响企业利润。上述结论同样适用于生产企业支付给储蓄者的证券利息，但不适用于生产企业支付给银行的利息，因为后一种情况下发生了实际财富从产业部门向金融部门的转移。

(3) 如果 $s = b$，即储蓄倾向与投资倾向——分别与完全独立的社会群体相联系——碰巧相等，那么，货币价格简化为：

$$p = \frac{w}{\pi} + \frac{iB}{\pi N}$$

在这个特例中，价格等于以货币量为标准的生产成本，不存在超出正常企业家报酬（已经包括对这种特殊劳动支付薪酬的成本）的利润部分。这时的均衡完全类似于完全竞争时的均衡。

(4) 如果 $s=0$,工资收入者将其收入全部用于消费,实际利润变成 $P/p=b\pi N$,同时,利润显然等于投资。如前所述,投资对应于资本家的支出,因此,这种情况完全符合卡莱茨基的一个著名论断,即工资收入者花费其挣得的,资本家挣得其花费的(Kalecki, 1930[1933])。

到现在为止,我们讨论的企业利润都是其支付银行利息前的收入。企业计算净利润还要扣除其当前银行债务的利息负担。根据前面的讨论,在简化的情况中,企业的银行债务等于储蓄者的流动性余额。我们可以假设,流动性余额在现行收入中占数量为 L 的份额,这个份额的大小与企业支付的证券利率成反比。我们因此得到:

$$L=L(i)(wN+iB)$$

企业向银行支付的利息负担等于这个金额乘以银行利率。因此,净利润是:

$$P_n=r(wN+iB)-i_{BK}\big[L(i)(wN+iB)\big]$$

这个等式清晰地表明,如果企业支付的证券利率上升,将产生两种相反的效应。假设开始的情况是,虽然银行利率保持不变,但企业在证券上的利息开支增加。由于证券收益上的增加,货币的投机需求 $L(i)$ 可能减少。同时,由于储蓄者收入增加,对流动性余额的交易需求可能增加。净结果取决于这两种效应的相对分量。如果证券利率的上升伴随着银行利率的同步上升,那么因利率结构整体上浮而导致利润减少的可能性将大大增加(第6.1节将对这个具体问题作补充讨论)。

5.4 政府支出和税收收入

如果把政府部门考虑进来,上述的结论不会有大的改变。接下来将简要讨论一下这种情况。

如前面所讨论的,如果只涉及货币需求稳定的情况,我们可以假设,因为能获得银行信贷,企业在商品市场的购买能力不受限制。这是出于两个原因:企业作为一个整体没有偿付银行债务方面的问题,同时,银行作为一个整体随时准备向企业提供任何数量的贷款。这意味着,不管处于什么样的税收水平上,企业总是有能力在商品市场上购买到其想要的商品。因此,企业承担的税收只会产生一个纯粹名义上的负担,在实际价值上并没有产生任何后果。即使在极端情况下,企业承担100%税收,全部税收收入用于补贴工资收入者,企业的实际状况也不受影响。

但是,工资收入者的情况显然不同。工资收入者只能在由工资账单限定的预算范围内消费。他们在商品市场上与企业竞争购买产品时必败无疑。因此,首先是企业按其计划在市场上进行购买,在此之后工资收入者才能购买企业买剩下的产品。引入对消费者的优惠补贴并不会改变这个情况。如果企业不改变其计划,补贴不可能增加工资收入者的实际消费,补贴仅有的效果是,同比例地增加工资收入者的名义收入和货币价格水平。

如果政府税收收入不是用来补贴工资收入者,而直接购买产品,商品市场上将出现政府、工资收入者和企业之间互相竞争的结果。由于企业能无限地获得银行信贷资源,其实现购买计划是有保证的,因此,以实际价值计算的企业利润并不受影响。而政府,以实际价值计算,或多或少——这视政府根据货币价值抑或实际价值确定支出计划而定——也能实现其计划。在实际价值上消费最可能削减的是工资收入者。由此必然得出的结论是,如卡莱茨基说的那样,尽管是对利润征税,但以实际价值计算,企业并不纳税;在实际价值上纳税的只有工资收入者(Kalecki,1990[1933],1991[1942])。凯恩斯也有过类似的论述(Keynes,1971[1930],第1卷:298ff.)。

上述情况可以表述为:

情况1:设想政府开支全部通过赤字支出进行融资的情况。这相当于,政府向央行举债,债务数量是其全部开支金额。假设政府支出全部用来补贴工资收入者,总的补贴金额设定为工资收入者总收入的一部分。

政府支出 G 可以定义为工资收入者收入中所占份额为 g 的部分：

$$G = g(wN + iB)$$

假设,给定现有的证券数量,并且每个工资收入者平均持有的证券数量等于 α。我们有：

$$\alpha = B/N$$

和：

$$G = g(w + \alpha i)N$$

价格水平为：

$$p = (1+g)\left(\frac{1-s}{1-b}\right)\left(\frac{w + i\alpha}{\pi}\right)$$

上面的等式清楚地表明,正如我们已经注意到的那样,货币价格不取决于作为内生变量的货币数量。货币价格也不(至少不直接地)取决于政府支出的融资方法。政府支出当然有通胀效应;但是,这种效应并非是由货币存量的增加造成的,而只是间接地由总需求的增加造成的。而且,与人们普遍持有的观点不同,政府支出的通胀效应越大,其融资就越多地采取发行政府债券的方式,因为在那种情况下,现有的政府债券存量增加,提升了 α 值和货币价格水平[Blinder 和 Solow(1974:48ff.)也得到了类似的结论]。

如前面所定义的,利润率是净总产出价值除以生产的货币成本,现在为：

$$r = (1+g)\frac{b-s}{1-b}$$

总利润为投资资本的价值乘以利润率,等于：

$$P = (1+g)\frac{b-s}{1-b}(wN + iB)$$

由此,可清楚地看到,任何政府支出引起的价格水平上升都将提高货币利润。但是,实际利润保持不变,因为货币利润和货币价格都按同样的$(1+g)$比例上升了。因此,结论是,如果政府支出完全通过货币创造进行融资,并全部用来补贴工资收入者,将导致工资收入者群体内部实际消费再分配,这有利于受补贴的消费者,不利于其他消费者;同时,企业的实际利润保持不变。

再来看一下企业在支付银行利息后的利润状况。现在情况有所不同。净货币利润等于:

$$P_n = (1+g)\frac{b-s}{1-b}(wN+iB) - i_{BK}\left[L(i)(wN+iB)\right]$$

$$= \left[(1+g)\frac{b-s}{1-b} - i_{BK}L(i)\right](wN+iB)$$

净利润等于货币利润除以价格水平,现在等于:

$$P_n/p = \pi N\left(\frac{b-s}{1-b} - \frac{L(i)i_{BK}}{(1+g)(1-s)(1-b)}\right)$$

即使在有政府支出和通胀的情况下,实际毛利润仍保持不变,但实际净利润增加了,因为通胀减轻了企业的财务负担。事实上,如果政府以赤字支出为工资收入者提供补贴,企业反而会从其产品中获得更多的销售收入,因为其最初用于雇佣劳动的支出及相关的利息负担都没有变化,而现在以实际价值计算的利息负担减少了。这意味着实际利润提高了。在这种情况下,政府支出对收入的再分配更有利于利润的增加,而不利于银行部门。

情况 2:设想第二种情况,政府支出通过税收融资并保持预算平衡。同时假设开支不用于补贴,而用于购买产品。

假设政府对各种收入(工资和利润)按比例征税。为合理地简化问题的讨论,我们省略储蓄者的资本收入,即 iB 部分。对所有的纳税人适用统一税率 t。因此,税收收入等于政府支出,也就是:

$$T = G = twN + t(\pi Np - wN)$$

现在工资收入者在商品市场上支出减少的份额为 t。企业在商品市场上仍然有无限的购买力,因此其支出保持不变。现在供应和需求之间的等式如下:

$$\pi Np = (1-t)cwN + b\pi Np + t\pi Np$$

由此,价格水平为:

$$p = \frac{(1-t)(1-s)}{1-b-t}\frac{w}{\pi}$$

企业税后利润为:

$$P = (1-t)(\pi Np - wN)$$

用上述价格等式代入后得:

$$P = (1-t)\frac{b-s(1-t)}{1-b-t}wN$$

实际利润为:

$$P/p = \frac{b-s(1-t)}{1-s}\pi N$$

因此,税收的出现反而增加了利润。其中的逻辑是,纳税迫使工资收入者减少对税前收入的储蓄倾向(即使对税后收入的储蓄倾向保持不变)。企业投资作为收入的一部分保持不变,但企业利润在收入中的占比增加了,而工资收入者能获得的证券投资份额减少了。

如果我们现在考虑企业支付银行利息后的利润,可以得到类似的结果。净利润等于:

$$P_n = \left[(1-t)\frac{b-s(1-t)}{1-b-t} - i_{BK}L(i)\right]wN$$

净利润以实际价值计算:

$$P_n/p = \left[\frac{b-s(1-t)}{1-s} - \frac{(1-t)(1-s)}{1-b-t}i_{BK}L(i)\right]wN$$

在这种情况下,税收的出现导致了实际净利润的增加。

5.5 生产和非生产部门

人们经常批评零售业没有效率,就业量大,生产力低。但也有许多经济学家不认同这个观点。有人认为,零售部门能更好地在空间上对产品销售进行布局,节约时间和运输成本,这本身就增进了消费者福利。也有人提出一个完全不同的观点,认为消费者对产品的满意程度只取决于其技术质量,与零售业供货地点和售后服务并无关系。照后一种观点的说法,任何零售业就业量的增加都是有损于消费者福利的,因为它会减少制造业部门的资源,因而减少可获得商品的总数量。

有一个观点最早可追溯到亚当·斯密,即零售贸易是生产性活动,有与任何其他部门相等的利润率(Smith, 1993[1776],第 2 卷第 5 章)。西斯蒙第提出的相反观点认为贸易不能增加生产价值,零售贸易出现的唯一后果,是对既有利润在三种经济活动者(即生产企业、批发商和零售商)之间进行再分配(Sismondi, 1991[1819],第 2 卷第 8 章)。

这两种对立的观点形成了不同的分析思路。如果认为贸易是生产部门,则均衡状况可以按照通常的竞争条件定义来确定,即贸易部门(或通常说的第三产业)的就业量应保持在以下水平:其劳动生产力等于实际工资,利润率必须等于其他所有部门的通行水平。而如果认为贸易是非生产性活动,那么,贸易部门的就业水平与生产力因素无关。这种观点认为,唯一决定贸易部门就业量的是未被其他部门接纳的劳动力数量。因此,贸易部门就业量变成了一种残余变量,这决定了贸易部门的劳动生产力及对应的实际工资率水平必然低于其他部门的一般水平。其结果是存在一个二元劳动市场。

为引入贸易部门,需要对现在一直在使用的符号作一些调整。新的符号如下:

X＝用于消费和投资的产品数量

N＝总就业量

N^i＝产业部门的就业量

N^t＝贸易部门的就业量

σ＝贸易部门与产业部门就业量之比（$N^t = \sigma N^i$）

π＝生产部门的劳动生产力

$p,\ p'$＝生产价格和零售价格

假设如下：

（1）工资收入者花费全部工资购买消费品（$c=1,\ s=0$）。因此，工资收入者没有积累的财富，唯一的收入来源是劳动。

（2）贸易部门的劳动是个体经营者，其收入等于生产部门的通行工资。

生产部门向贸易部门出售其产品。向贸易部门交付和向消费者出售的全部产品数量等于在没有贸易部门时直接向消费者出售的产品数量，即总产出中扣除企业决定为自己再生产购买的份额 b 后的剩余部分：

$$C = (1-b)\pi N^i$$

贸易部门购买商品支付的价格等于商业中介不存在时可能通行的价格：

$$p = \frac{1}{1-b}\frac{w}{\pi}$$

现在平均实际消费为：

$$\frac{C}{N} = \frac{C}{(1+\sigma)N^i} = \frac{(1-b)\pi N^i}{(1+\sigma)N^i} = \frac{1-b}{1+\sigma}\pi$$

贸易部门出售产品时对价格加成，保证其就业者的平均实际消费等于生产部门工人的平均实际消费。为使所有生产部门和非生产部门的就业者都享有同样水平的实际消费，可得消费品数量必须按照以下方式分配：

$$(1-b)\pi N^i = \frac{1-b}{1+\sigma}\pi N^i + \frac{1-b}{1+\sigma}\pi\sigma N^i$$

其中,等号右端第一项是生产部门工人购买的消费品数量;第二项是非生产部门工人购买的消费品数量。

贸易部门出售消费品的数量不大于第一项(也就是说,贸易部门采取价格加成,以保证其就业者购买的数量不小于第二项)。现在消费品的零售价格 p^t 必然满足以下等式：

$$\frac{1-b}{1+\sigma}\pi N^i p^t = w N^i$$

$$p^t = \frac{1+\sigma}{1-b}\frac{w}{\pi}$$

因此,贸易部门的出现,意味着生产部门工人的实际工资率下降。降低幅度比率等于零售价格和批发价格之比：

$$p^t/p = 1+\sigma = 1+N^t/N^i$$

因此,非生产部门就业量在总就业量中的占比越高,生产部门的实际工资降低幅度也就越大。

注　释

① 参见 Kaldor(1956)。Arestis(1997,第 4 和 5 章)对后凯恩斯主义理论作了详细述评。

金融市场的作用

6.1 证券市场

经济行动者在商品市场上花费的收入,在性质上可以是消费开支,也可以是实际储蓄(如果储蓄者决定购买房地产、土地或房屋),再有剩余的部分,在性质上就是金融储蓄。我们现在考虑一个简单的情况,金融储蓄只有两种形式:生产企业发行的证券(或股权)或以银行存款形式持有的流动性。

我们知道,如果储蓄者决定以银行存款形式持有现行储蓄,生产企业的流动性将等量减少,其银行债务将相应增加。因此,银行与生产企业将互相竞争,争夺这部分可得的金融储蓄。在这个竞争中,银行以支付更高的利息和提供配套服务[简单来说,或如托宾曾提到的,布置一个环境舒适和设施良好的营业场所(Tobin,1982a:498)]增加银行存款的吸引力。同时,生产企业和金融中介会发行高收益证券来吸引储蓄。它们也试图维持金融市场上证券价格的稳定,为储蓄者提供风险更低的投资[Bossone(2001:878)清晰地阐述了金融中介的关键作用]。事实上,储蓄者(而非投机者)在配置其储蓄之前,主要评估两个因素:能否在一段时间内维持稳定并获益。不管证券和银行存款各自有什么特点,行动者通常都会决定以银行存款形式持有部分流动性,这样就自动形成了生产企业的银行债务。由此,生产企业必须承担两项财务开支:支付自己发行的证券的利息和支付银行贷款的利息。

这两种支付发生在两种不同的市场上。前一种是证券利息,发生在金融市场上,由生产企业向储蓄者支付。后一种发生在货币市场上,由生产企业向银行支付。短期债券(short-term bonds)是在货币市场上协商交易的,而长期证券(long-term securities)是典型的金融市场产品,因此,证券种类不同是这两个市场的典型区别。当然,如果双方同意,短期贷款也可以一次次地展期,从而在事实上成为一种长期融资;但与长期证券不同的是,这种情况下贷款条件在每次展期时都是可以重新协商的。

6.2 证券利息

如前所述,为最大可能地吸引金融储蓄,生产企业会提高其发行的证券的收益率。生产企业通过吸收更多的金融储蓄,增加对储蓄者的债务,同时减少其银行债务。现在的问题是生产企业愿意为对储蓄者的新增债务支付多少利息。

我们从一个简化的情况开始讨论。如果工资收入者的资本利得(即从持有的证券中获得的利息)不用于增加银行存款,只用于购买商品或证券。在这种情况下,无论证券利息多高,都不构成生产企业的实际成本。因为生产企业用来支付证券利息的资金,事实上还会被用来花费在购买商品或证券上,因此,无论如何,流动性都会流转回来,使生产企业得以偿还银行债务。在这里,生产企业的证券利息支付类似于工资支付。同货币工资增加的情况一样,任何证券利率的上升——即使这可能导致总需求增加与价格上升(按照通常的模型假设)——都不意味着生产企业增加了额外的成本。因此,如果证券利息支付并没有实际成本,那么,生产企业可以将其设定在任何它们愿意的水平上。

从对这个简化情况的分析中,可以得出货币生产理论的一个重要结论:向工资收入者支付的货币从来都不是生产企业的实际成本。唯一的实际成本产生于向银行的支付。

除了上述简化的情况,还应记住的是,任何证券利息的增加,由于提高了工资收入者的收入,可能同时也会引起流动性余额需求的增加。如果储蓄者的银行存款增加,生产企业的银行债务也将增加,我们知道,这将推动生产企业实际成本上升。因此,按照第5.3节中的说法,*生产企业的证券利率增加有双重效应:(1)收入效应,导致流动性余额需求增加,而于生产企业不利;(2)替代效应,可能导致银行存款减少,增加以证券形式持有的财富所占的份额。后一种效应显然于生产企业有利。由此,我们认为,存款利率上升对生产企业有利,只要替代效应超过收入效应,形成银行存款减少的净结果。

在简化的情况中,任何经济行动者的金融财富都由两个部分构成:生产企业发行的证券 B 和银行存款 D。银行存款提供在支出和收入之间所需要的流动性。存款需求是当期收入(工资和证券利息)的 μ 部分,与证券利率反向相关:**

$$\mu = \mu(i_B),\ \mathrm{d}\mu/\mathrm{d}i_B < 0$$

假设每个时期的期初对前一时期期末工资收入者持有的证券支付利息,则可以对存款需求作如下定义:

$$D_d = \mu(i_B)(wN + i_B B)$$

　＊　原文"按照第5.5节中的说法",疑误。——译者注

　＊＊　原文本节中的证券利率有两种表示 i_B 和 i_b。为避免歧义,我们统一表示为 i_B。——译者注

存款需求对证券收益变化的反应是：

$$\delta D/\delta i_B = \mu(i_B)B + \delta\mu/\delta i_B(wN + i_BB)$$

第一项对应收入效应,即由于收入增加引起的存款需求变化数量。第二项对应替代效应,即由于证券收益变化引起的存款需求变化数量。第一项保证为正:证券收益增加通过增加收入,提高了银行存款需求,这对生产企业来说是一种成本的增加。第二项是负的:同一笔证券收益的增加,使证券变得更有利可图,从而减少了存款需求。对能从证券收益增加中获利的生产企业来说,上述两项效应相抵后的净结果应该是负的。如果储蓄者在决定其金融资产组合时,有更多的人对证券收益变化有反应,则更可能出现负的净结果。

6.3 银行贷款利息

再来看一下生产企业为银行贷款支付的利息。显然,只有当生产企业掌握了一笔来源于非银行贷款资源的流动性,并且这笔流动性达到了必须的数量时,生产企业才可能对利息进行实际支付(而不仅仅是承认这笔债务)。事实上,如果现在仅有的流动性都来源于银行贷款,生产企业通过出售商品和发行证券能获得的货币,最多只能收回其最初开支的数量。这意味着生产企业只能偿还本金,并不能支付银行贷款的利息。

再从银行角度来看这个问题。银行从生产企业那里收到的利息,部分用来与其日常成本相抵(如对职工支付的工薪),部分作为净利润,用来购买实际产品(如对房地产或其他形式实际产品的投资)。如果银行的净利润被用来在商品市场上进行购买,那么生产企业的利息支付与银行的购买支付互相抵消。

用技术术语来说,这种情况的过程如下。银行预支给生产企业一笔支付利息所需的流动性,同时,又花费一笔同等数量的流动性购买商品和服务。生产企业用销售收入偿还银行债务。最后的结果是生产企业用实物支付其利息债务。事实上，因为在我们简化的情况中除了银行信贷方式创造的货币外，没有其他货币存在，生产企业支付银行利息只有两种方法，一是承认这笔利息债务，却又让它随时间推延，无限地增加下去；二是用实物支付这笔利息债务。[①]

如果生产企业作为一个整体以实物形式支付其利息债务，以此向银行让渡其产出的一部分，这意味着，支付实际工资后剩余的总产出——古典经济学家可能称之为"净产出"（net product），也可能有人称之为"剩余产出"（surplus product）——在银行和生产企业之间进行了分配，或者，如有些经济学家可能更喜欢说的那样，在产业资本和金融资本之间进行了分配。

生产企业让渡给银行的总产出的份额，明显地取决于（1）银行向生产企业发放贷款时设定的利率水平；（2）生产企业向银行出售其商品时设定的价格水平。较高的利率水平可能诱导生产企业为保证其利润而提高价格水平。因此，高利率可能是通货膨胀的一个来源。

6.4　一个银行信贷模型

我们采用以下符号：

$Z=$基础货币总量

$Z_B=$银行持有的法币

$Z_P=$公众持有的法币

$D=$存款

$r=$商业银行的储备率

$w=$货币工资率

$c, s=$消费和储蓄倾向

$N=$就业量

i_D＝银行存款利率

i_L＝银行贷款利率

i_B＝证券利率

期初状态

假设法币与存款需求之间保持一个常数比例 β：

$$Z_P = \beta D$$

在法定储备率 r 下，$Z_B = rD$，因此，基础货币总额为：*

$$Z = Z_B + Z_P = (r + \beta)D = \left(1 + \frac{\beta}{r}\right)Z_B \qquad (6.1)$$

公众持有的流动性余额（法币加存款）为：

$$Z_P + D = (1 + \beta)D = \left(\frac{1 + \beta}{r}\right)Z_B \qquad (6.2)$$

如果把生产企业看作一个统一完整的部门，银行在期初发放的贷款 $L_{(1)}$ 等于现行工资总额加先前已经存在的货币存量 M^0（M^0 在数量上等于居民持有的流动性余额，来源于以前的时期，同时也等于生产企业在新生产时期的期初存在的未偿债务）：

$$L_{(1)} = M^0 + wN_{(1)} \qquad (6.3)$$

其中下标（1）表示是期初的情况。因此，我们可以写成：

$$Z_{P(1)} + D_{(1)} = \left(\frac{1 + \beta}{r}\right)Z_{B(1)} = M^0 + wN_{(1)} \qquad (6.2')$$

以及：

---

* 原文式（6.1）写作"$Z = Z_B + Z_P + (r + \beta)D = \left(1 + \frac{\beta}{r}\right)Z_B$"，疑误。——译者注

$$Z_{B(1)} = \frac{r}{1+\beta}(M^0 + wN_{(1)})$$

用式(6.1)代替 $Z_{B(1)}$：

$$Z_{(1)} = \left(1 + \frac{\beta}{r}\right)\frac{r}{1+\beta}(M^0 + wN_{(1)}) = \frac{r+\beta}{1+\beta}(M^0 + wN_{(1)}) \quad (6.1')$$

紧接着工资支付,在居民还未实施其花费或储蓄的决定前,现存的货币存量是严格地由工资账单决定的,因而是由生产企业的决策给出的产出水平决定的。

均衡条件

这里讨论的货币经济模型,对均衡的定义与通常模型的定义有较大区别。在一般经济均衡理论中,每一个经济行动者受预算限制,均衡时所有行动者都不再有对其他行动者的未偿债务。唯一的例外是政府部门,因为一般认为均衡时政府开支由政府债务维持,政府债务可以是有息债务(私人行动者持有的政府债券),也可以是无息债务(中央银行预支给政府的流动性余额)。存在一定数量的政府债务是否意味着在实际上偏离了一般均衡? 事实上,这仍然是有争议的。如前所述(参见第2.2节),一般认为,货币经济中的经济行动者可能为防备偶然事件而持有货币,而一定数量的政府对中央银行的债务,可以保证政府以赤字开支的方法满足私人行动者防备不测的需求。因此,政府的预算赤字发挥了向私人部门提供一种有用商品(流动性余额)的功能。在某种程度上,政府以开支而创造新的流动性,实际上是在出售一种市场上需要的商品,那么也就消除了其作为赤字的实质。

如果简化模型,只考虑私人部门,情况会有所不同。在这种模型中,私人行动者持有货币应该被看作是正常现象。但是,现有的货币不再是政府对中央银行的债务,而是生产企业的银行债务。只要货币存量被看作是货币经济的一种正常要素,均衡状态就不必要求完全偿清所有债务,而可以允许存在部分生产企业的银行债务。

另一方面,我们并不能准确定义与均衡状态一致的生产企业债务的精确数量。即使在稳态经济的简单情况下,对均衡时生产企业必须保持的债务恒常水平作出定义,也可能错误百出。事实上,即使在稳态条件下,单个经济行动者任何流动性偏好的上升,都会要求均衡货币存量等量变化和生产企业对银行债务的增加。这种债务的增加既不影响生产企业效率及其财务状况可靠性,也不意味着其偏离了一般均衡状态[Hayek(1978)也承认这一点]。

因此,定义均衡的问题还原为银行对生产企业欠债的态度的分析问题。首先来看一下稳态经济中行动者流动性倾向增加的情况。如果发生这种情况,行动者一旦把货币持有提高到他们希望达到的水平,将重新在商品和证券之间分配其收入,而不会再增加其流动性余额。生产企业的银行债务再次回到稳定状态,即使债务高于以前的水平。如果银行接受生产企业新的债务水平,经济将再次回到均衡状态。

第二种可能性是,行动者决定按惯常的做法,增加现行收入中以货币形式持有的份额。在这种情况下,银行要面对的是生产企业持续增加的债务。如果银行拒绝持续增加对生产企业的贷款,生产企业将不得不降低其生产经营的活动水平。同时,生产企业削减投资计划也将引起相应的消极反应,因为银行债务增加——即使这并非是由于生产企业的效率降低,而是由于公众的流动性偏好增加——不利于企业的利润。

如果银行体系不愿意发放更多的贷款,或如果生产企业本身不愿增加其银行债务,生产企业可能会试图通过发行收益率更高的证券来平衡储蓄者流动性偏好的增加。众所周知,提高证券利率并不影响生产企业的利润,生产企业的投资计划也不会因此而调整。但不能排除银行贷款利率会随证券利率上升而上升。如果出现这种情况,那么,任何的公众流动性偏好的增加,即使其影响渠道是间接的,都可能带来生产企业投资和活动水平的下降。

期末状态

银行与生产企业的关系形成了三种利率:(1)银行贷款利率,是由生产企业支付给银行的;(2)银行存款利率,可能是由银行设定并支付给存款者的;(3)生产企业向储蓄者支付的证券利率。

如前所述,生产企业可以提高证券利率,增加其发行证券的吸引力,以减少银行债务。银行同样也可以提高存款利率,增加存款对储蓄者的吸引力,迫使生产企业增加银行债务,以及增加发放贷款的数量。由此形成了银行和生产企业之间的竞争。

居民储蓄在增加持有流动性(dM^d)和增加持有生产企业发行的证券(dB^d)之间分配。如果在总储蓄中购买新发行证券的份额是b^d,则有:

$$S = (1-c)wN = dM^d + dB^d$$
$$dM^d = (1-b^d)(1-c)wN$$

假设在总储蓄中配置在证券上的份额b^{d*}是证券利率i_B的增函数,是银行设定存款利率i_D的减函数:

$$b^d = b^d(i_B/i_D)$$

那么,期末证券需求(包括本期期初的未偿付证券B^0)可以定义如下:

$$B^d_{(2)} = B^0 + b^d(i_B/i_D)(1-c)wN \tag{6.4}$$

[下标(2)表示本期期末的情况]。

生产企业证券供给的目标是在金融市场上汇集全部居民储蓄。如果实现了这个目标,则生产企业至少能偿还期初银行债务的本金部分(参见第6.3节对利息支付的讨论)。这个目标的完全实现,其可能性和便捷性,则取决于现行的利率水平和结构。如果金融市场上利率很高,而银行愿意在合理的利率水平上发放贷款,那么,生产企业将很容易放弃汇集全部现有储蓄的想法,而继续保持部分未偿银行债务。

这意味着生产企业的证券供给等于总储蓄中的一个所占份额为b^s

---

　　* 原文中这个份额写作b^b,疑误。——译者注

的部分，b^s 是证券利率 i_B 的减函数和银行贷款利率 i_L 的增函数：

$$B^S_{(2)} = B^0 + b^s(i_L/i_B)(1-c)wN$$

金融市场的均衡条件可以写作：

$$b^d(i_B/i_D) = b^s(i_L/i_B) = b \qquad (6.5)$$

其中，b 是均衡时证券在储蓄中的份额。

现在有三个未知变量 (i_D, i_L, i_B)，均衡条件只能把其中一个变量确定为其他两个未知变量的函数。例如，如果给定存款利率（在许多情况下，假设存款利率接近于 0），则均衡条件确定比率 i_L/i_B，这将是银行贷款利率与生产企业发行证券利率之间的通行比率。

生产企业期末未偿银行债务等于期初债务减去生产企业新发行并出售给储蓄者的证券数量：

$$L_{(2)} = M^0 + wN - b(1-c)wN$$
$$= M^0 + [1 - b(1-c)]wN$$

如前面提到的那样，这个条件并不意味着生产企业能偿还其全部银行债务。当然我们也可以特别地假设，生产企业只有当期初新借的银行债务（或至少是新借银行债务的本金部分）在期末被偿清时，才认为自己处于均衡状态（这意味着其银行债务是稳定的）。银行债务稳定，货币存量也是稳定的。这使我们想起《通论》中的一个凯恩斯主义假设，即货币供应稳定的假设。而根据前面的讨论，这个假设可能意味着，凯恩斯在假设货币存量给定时，想到的可能不只是对问题的简化，而且是生产企业相对于银行的均衡条件。

在这种情况下，均衡条件是：

$$b^d(i_B/i_D) = b^s(i_L/i_B) = 1 \qquad (6.5')$$

假设给定 i_D，得到的 i_L/i_B 值决定了银行贷款利率与生产企业发行证券的利率之间的比率，这个比率将对货币存量保持稳定发挥主导作用。要注意的是，与凯恩斯主义模型一样，这里的利率（在这里是模型中两个利率的比率)完全独立于储蓄率,而取决于经济行动者对流动性和证券的相对偏好,以及生产企业在管理其债务(借入更多的银行债务还是发售新的证券)时所依据的标准。

金融市场上的均衡可以用图来表示。假设 b^d 和 b^s 值如下:

$$b^d = \frac{i_B}{\beta^2 i_D^2} \; ; \; b^s = \frac{i_L^2}{\mu^2 i_B}$$

其中 β 是衡量储蓄者对流动性偏好的指标。如果证券利率为 $i_B = \beta^2 i_D^2$,那么,b^d 为 1,现行储蓄则全部用于金融市场。系数 μ 表示生产企业对银行信贷相对于发行证券的偏好。如果银行贷款利率刚好为 $i_L^2 = \mu^2 i_B$,那么,b^s 为 1,生产企业发行证券的数量正好等于储蓄。

均衡条件 $b^d = b^s$,由下面的解给出:

$$i_B = \frac{\beta}{\mu} i_L i_D$$

和:

$$b = \frac{i_B}{\beta^2 i_D^2}$$

前面的讨论表明,稳态均衡不一定要求货币数量稳定。而另一方面,如果货币收入和支出相等而银行债务稳定,生产企业则很可能认为其财务状况是均衡的。在这种情况下,生产企业实现了想要的均衡状态,也就保持了货币存量的稳定。[②]这种均衡状况值得进一步分析。

在 $b^d = b^s = 1$ 的特例下,货币存量保持稳定,均衡条件 $b^d = b^s$ 由以下解给出:

$$\frac{i_B}{\beta^2 i_D^2} = \frac{i_L^2}{\mu^2 i_B}$$

和:

$$i_B = \frac{\beta}{\mu} i_D i_L$$

均衡条件如图 6.1 所示。图中显示了按照凯恩斯主义观点来看均衡可能的位置。每条上升的直线对应的是所有货币存量稳定点的轨迹,因此,也对应生产企业的财务均衡点。图中的两条直线对应于两个不同的 β 值(较高的 β 值对应较高的直线:较高的 β 值对应较高流动性偏好)。假设一个均衡在点 C,在这个点上的证券利率决定的投资规模对应于充分就业时的收入水平。一个较高的 β 值会使均衡线向上移动。如果 i_L 不变,经济将移动到点 C',i_B 将更高,相对应的经济活动水平将降低。因为在点 C',如前面一样仍然满足均衡条件 $b=1$,生产企业就其银行债务来说,仍然处于均衡状态。但是,经济因出现了一定数量的失业而偏离了均衡。

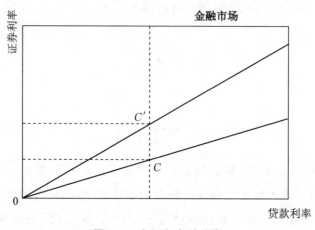

图 6.1　实际和金融均衡

由此,实现完全均衡要满足两个条件:利率必须降低到能使投资提升到实现充分就业的水平,现有的储蓄必须全部投资于购买新发行的债券。这个结论强调的是,为达到完全均衡,这两个不同条件必须都满足。前一个条件,是通常认为的凯恩斯主义条件,利率和对应的投资水平要能形成实现充分就业的经济活动水平。后一个条件是要实现银行和生产企业之间的财务均衡。这个条件在宏观经济分析中常常被忽略,因为如前文所指出的那样,在大多数宏观经济模型中,银行和生产企业是合并为一个部门的。

　　这里期末存在的货币存量再次表现为严格内生的变量。这个结论可以直接从以下事实推导得出,在期初创造并在期末仍未被毁灭的货币数量,等于期末经济行动者货币余额需求的增量,而货币当局只能通过利率结构上的操作进行间接的调控。银行也不能减少这部分货币的数量,银行能做的不过是减少向生产企业提供新信贷的数量,但是它们不能取消未偿还的旧贷款。

　　期末流动性余额数量相对期初将会减少,减少的数量等于居民用于商品市场和储蓄者投入证券市场的支出数量。银行存款和基础货币也会有这种期末相对于期初的变化。

注　释

① 参见 Lavoie(1987)和 Graziani(1984)。如前面提到过的,Wray(1996:452)反对这种对银行利息的解释,但 Bossone(2001:869,873)同意这种观点。
② 如前所述,虽然仍有一些争议,但是有一种对《通论》常见的解释认为,凯恩斯假设货币存量是给定且稳定的。作出这个假设可能并非是为了简化模型,也不是因为假设货币的唯一来源是政府赤字,而是因为引入了一个定义企业财务均衡的条件。

7

实际利息与货币利息

7.1 实际利率理论

根据传统模型,唯一在均衡状态下存在的货币存量是政府部门创造的货币;如果对传统模型做某种拓展,使其在同样的均衡状态下容许银行信用货币存在,那么,这至少会对实际利率和货币利率理论产生一种显著的影响。①

普遍接受的利息理论可以概述如下。货币贷款者要承担货币购买力在从放贷到还贷这段时间内受到通胀侵蚀的风险。如果货币购买力减少,贷款者将遭受资本损失,因为收回的货款的实际价值低于期初放贷时的实际价值。为了避免这个损失,需要使贷款充分指数化,以消除任何货币价格水平上涨可能产生的影响。

有两种指数化的方式可以考虑:实际指数化和融资指数化。

实际指数化(事后指数化或资本指数化)是指,在年利率 r(这可能是无通胀情况下的市场通行利率)的基础上,在贷款结束时,按照已经发生的通胀对本金重新估价,债务人将支付一笔与通胀有关的额外款项。在这种情况下,债务人因价格水平上升产生的额外支付集中发生在贷款结束时,所要考虑的通胀率反映的不是预期通胀,而是实际通胀。

融资指数化(事前指数化或利息指数化)是指,按名义价值偿还本金的同时,考虑到存在的通胀预期而提高现行的利率。在这种情况下,本金以名义价值偿还,同时要支付较高的现行利息。这也意味着本金的实际价值将有相应的减少。债务人在支付年息时,实际上也偿付了部分本金。

如果指数化能正确地操作实施,这两种方式应该是等价的,而且由债务人支付的这两种不同的还本付息流量,虽然在时间形态上有所差别,但应该有相等的现值。在这两种指数化中,融资指数化是由市场自发作用产生的更常见的方式。

费雪引入了一个融资指数化公式,现在对实际利率的定义都采用这个公式。我们用 r 表示无通胀时市场的现行利率(称为实际利率),i 表示实际达成协议的利率(称为货币利率),φ 是预期通胀率。为使通胀对借贷双方的影响保持中性,偿付金额 M_t 应该等于期初放贷 M_0 按照预期通胀率 φ 重估的金额:

$$M_t = M_0(1+\varphi)$$

如果我们加入利率,全部还款是:

$$M_t = M_0(1+\varphi)(1+r) = M_0(1+r+\varphi+r\varphi)$$

这是完整的费雪公式:r 是实际利率,φ 是本金的通胀指数;$r\varphi$ 是利息的通胀指数。最后一项很小,常可以忽略不计,因此,公式简化为:

$$M_t = M_0(1+r+\varphi)$$

这也是马歇尔最初以非代数形式提出的简单公式。我们可以得出结论,如果预期通胀率是 φ,则货币利率为:

$$i=r+\varphi$$

费雪强调,只有签约各方都考虑了未来通胀的可能性,他们才可能使用指数化方法,不管采取哪种形式。但是,在突然发生未预期到的通胀的情况下,无论哪种形式的指数化——不管是事前或事后的,实际或融资的——都是不可能的,而且,这种情况的出现将引起财富的再分配,严重不利于债权人而有利于债务人。[②]

7.2 实际利率和内生货币

马歇尔和费雪建立的实际利率理论在形式上无可挑剔。但是,这个理论与新古典主义的货币理论方法紧密相关。如前所述(参见第 2.4节),在新古典经济学中,均衡时存在的货币存量都来源于政府赤字,任何通胀现象都可追溯到政府部门的超额需求。政府支出既是通胀的来源,也是维持通胀所必须的流动性的来源。

我们要对这个观点做一些调整。如果换个角度看这个问题——如果我们认为超额需求来源于非政府部门,货币存量的必要增加就来源于银行贷款数量的增加。设想一个最简单的循环论模型,其中,流动性只能是银行部门创造的,政府赤字不产生货币。生产企业为支付其工资账单向银行借款,从而把货币带进市场。这些存在于市场并且能促成交易的货币数量,等于银行向生产企业提供的贷款数量。这意味着,通胀过程必然要求生产企业的银行债务持续增加。

再看一下生产企业的财务状况。设想一个在稳态经济中发生的情况:通胀是经常性的,因而被充分预期,通胀率维持在一个稳定的水平;生产企业雇佣的工人数量稳定,生产保持稳定的产出数量。通胀本身推动着生产企业增加其银行债务,名义财务负担在持续增加。准确地说,通胀的结果是,即使利率保持稳定,生产企业承受的名义财务负担也在以稳定的速度(等于通胀率)增加着。而且,如果利率也按照费雪公式计算的那样增加,在一段时间后,生产企业的财务负担将以两倍通胀率的速度增加。这是因为,生产企业不仅被迫增加银行债务,而且按照费雪公式,其每一个货币单位的银行债务的利率也要增加,增加的幅度等于通胀率。

为了以实际价值计算生产企业承担的财务负担,以货币价值计算的财务负担必须按通胀率等比例缩减。因此,如果应用费雪公式,通胀增加了以实际价值计算的财务负担,其增加比率等于通胀率。名义利率与价格指数挂钩的原意是想保持债务的实际价值稳定,但实际结果适得其反,债务的实际负担反而增加了,因为随之而来的是不利于生产企业(债务人)而有利于银行(债权人)的财富再分配。

7.3 形式化的表述

以上这些情况可以以更严密的形式表述。设想一个稳态经济,其中就业量稳定等于 N,劳动生产力保持稳定,等于 π,总产出是 X。假设最开始时价格和工资处于稳定的均衡状态(p_0,w_0)。在完全竞争的均衡情况下,不存在利润,总产出的价值等于总成本,生产成本中包括了企业家回报。

生产企业的总成本等于工资账单加应付的银行利息。因此,生产企业的均衡条件是:

$$\pi N p_0 = w_0 N (1+r) \tag{7.1}$$

其中,第一项是生产企业的收入(产出价值),第二项是生产企业的成本(工资账单加应付的银行利息)。

情况 1:第一种情况是,政府赤字引起并维持了通胀,这是新古典经济学货币理论的典型情况。我们称之为外生通胀(external inflation)。在每个时期期初,生产企业接受一笔银行贷款,其在数量上等于工资账单

(按期初工资率水平 w_0 计算)(参见第 1.8 节)。假设预期通胀率为 φ。根据费雪公式,银行将货币利率设定在:

$$i = (1+r)(1+\varphi)$$

生产企业的期末银行债务将是:

$$D = w_0 N(1+r)(1+\varphi)$$

如果上述预期实现,实际通胀率正好等于 φ,这意味着生产企业可以将产品以 $p_0(1+\varphi)$ 的价格出售,不需要承担更多的债务。现在生产企业的收入为:

$$R = \pi N p_0 (1+\varphi)$$

可以发现,如果生产企业在期初的价格水平上处于均衡状态(即,如果生产企业的收入等于银行负债),它们在期末也能保持同样的均衡状态:

$$\pi N p_0(1+\varphi) = w_0 N(1+r)(1+\varphi) \tag{7.2}$$

[事实上,如果式(7.1)成立,式(7.2)也必然成立]。在这种情况下,应用费雪公式,利率指数化能使债务人和债权人实际状况保持不变。

情况 2:现在考虑通胀是由银行信贷提供融资的情况,这可称为内生通胀(internal inflation)。如前所述,这种情况下,货币存量增加是由于银行的行为和银行向生产企业提供越来越多的信贷。生产企业为应对它们自己参与推动的工资和价格的持续上升,在每个时期期初都需要更多融资,银行债务以与通胀率相等的比率增长。如果预期通胀率是 φ,生产企业在每个时期 t 需求的银行贷款 F_t 将等于:

$$F_t = w_0 N(1+\varphi)^t$$

假设开始时,虽然有通胀预期,但利率仍可以维持在与稳定的价格水平相适应的水平 r 上。在第一个发生通胀的时期,生产企业的货币收入将是:

$$\pi N p_1 = \pi N p_0 (1+\varphi)$$

容易看到,如果生产企业在期初的价格水平上处于均衡状态,即如果它们每个时期的收入等于其银行债务,在新的更高的价格水平上,它们也将保持这种均衡:

$$\pi N p_0 (1+\varphi) = w_0 N (1+r)(1+\varphi) \tag{7.3}$$

同样地,这是因为如果式(7.1)成立,式(7.3)一定成立。

如果根据通货膨胀率对利率按照费雪公式进行调整,情况会有所不同。在那种情况下,出售产品的货币价值还是像前面说的一样,但生产企业的银行债务将按新的利率 $i = r + \varphi + \varphi r$ 计算,变成:

$$D = w_0 N (1+r)(1+\varphi)^2$$

即使通胀前生产企业的收入和成本平衡,它们现在也会变得不平衡,因为:

$$\pi N p_0 (1+\varphi) < w_0 N (1+r)(1+\varphi)^2$$

我们于是得出第一个结论,费雪的实际利率理论并非总是有效的通行原理。只有在货币由政府赤字造成,而非生产企业的银行债务造成的情况下,它才是正确的。

但是,对上述结论仍要做一些补充说明。事实上,这些有关私人部门的想法也适用于政府部门。[3]

在分析生产企业的情况时,我们区分了两种可能的通胀情况:一是通胀由政府赤字融资;二是通胀由银行信贷融资。两者关键的不同之处是,在前一种情况下生产企业的银行债务增长率等于价格的增长率;而在后一种情况下,如果应用费雪公式,企业的银行债务增长率等于通胀率的两倍。

如果我们考虑通胀对政府债务的影响,则情况正好相反。在通胀情况下,仅仅为了保持政府支出在实际价值上的稳定,政府也必须增加其名义预算赤字。如果通胀是由政府赤字融资的,政府将遭受对中央银行的债务增加和政府债券利率上升这两次通胀冲击。如果通胀是由银行向私人企业提供的信贷所融资的,政府开支的增加则由增加的税收收入融资,政府只遭受一次冲击,即利率增加的冲击。

历史经验表明,货币是政府赤字和银行信贷共同创造的。如果像通常发生的那样,通胀导致利率按照费雪公式进行调整,那么,政府和生产企业将都遭受损失,两者损失的比例相当于它们各自通过向中央银行和商业银行举债而推动创造的货币数量的比例。银行形成了一种与此相应的有利地位:事实上,银行名义总收入的提高受双重因素——利率向上调整和贷款数量增加——的推动,而这个收入,如果以实际价值度量,只会缩减一次。

因此,传统的实际利率理论的有效性是有限的,因为它只适用于私人部门以及货币供应全都由政府赤字创造的情况。

注 释

① 参见 Thornton(1939[1811]:335—336)和 Mill(1909[1848],第 3 卷第 23 章第 4 节:645—646),他们很早就大致区分了实际利率和货币利率。Marshall(1961[1920],第 6 卷第 7 节:593—595)最早对此提供了一个形式完整的论述。Fisher(1896:13—14)最终完成了区分实际利率和货币利率的理论。Graziani(1983)有一个综述,讨论了在这个问题上的长期争论。

② 众所周知,凯恩斯不同意费雪的观点,即如果通胀可预期,那么就可以使用指数化的方法。凯恩斯认为,普遍预期的通胀这种事根本就不会发生。一旦市场上所有行动者都能预期到价格上涨,价格马上就会上升。价格突然上升将冲击所有持有流动性资产的人,也将冲击债权人,他们来不及采取任何防范措施(Keynes, 1973a[1936],第 4 卷第 2 章第 3 节:142)。

③ Modigliani 和 Cohen(1979)提出并详细分析了这个具体的问题,即如何正确度量政府承受的实际债务负担。但是,他们的分析不够全面,因为他们忽视了以下事实:在通胀时,政府如果像生产企业一样保持日常开支在实际价值上稳定,那么,除了要支付更高的利率外,还要增加其名义开支。

8

货币政策的涵义

8.1　一个基本问题：货币的内生性质

在讨论循环论的货币政策涵义之前，首先要搞清楚内生货币假设的性质和意义。大多数宏观经济模型都把货币存量看作是给定变量。这一直是个有待解决的问题。如果一个变量被认为是个参数，可能有三种解释：

（1）这个变量可能在实质上是一个技术常数；如果我们讨论的变量是货币存量，那么可以不讨论这种情况。

（2）这个变量可能是一个参数。如果是这种情况，其精确的数值无法确定，可以取任何可能的参数值进行分析（凯恩斯在《通论》中把货币存量看作是给定的，可能就隐含了这层意思）。

（3）这个变量可能由模型以外的某种力量决定，例如，在讨论的变量是货币存量的情况下，这个变量是由货币当局决定的。这可能是大多数宏观经济模型在研究货币数量时所隐含的意思。当然，如果对货币当局的行为规则作了规定,并把它作为模型的组成部分,货币存量就不再是外生变量,而是通过求解模型得到的内生决定变量。

当引入内生货币观念时,这些疑点都可能浮现出来。一般来说,内生的货币存量被定义成由模型内部决定的变量。因此,模型应该描述货币创造、周转和毁灭的过程,并且包括定义各种货币(不管是法币、银行存款,还是任何一种在市场上用来与商品作交换的工具)需求和供应的等式。[①]但是,要强调的是,说到内生货币,常常会含有一层更有局限性且极端简化的意思,即内生货币假设暗含着把货币存量直接视同为对货币余额需求的意思。这是卡尔多等人所说的那种货币内生的情况:银行体系和货币当局被有力地控制着,以满足市场的货币需求。

这最后一种情况(货币存量完全取决于货币需求)显然排除了任何把货币数量作为政策工具来调控经济的可能性。在这种极端情况中,货币存量是内生变量的定义本身就隐含了货币政策只是效果有限的工具的观点。

8.2 货币稳定性问题

一个普遍采取的政策思路是把货币价格水平与由政府赤字引入的货币数量联系起来。同样地,另一个被普遍接受的观点是货币价格上升受政府赤字融资渠道的影响,更准确地说,政府赤字通过印钞融资将引起货币价格更大幅度的增加;通过发行证券融资,货币价格增加的幅度则较小一些。

前面几章的分析表明,货币价格并不(除非是间接地)取决于货币数量,因此,也不直接取决于政府赤字以何种方式融资。政府赤字的融资技术并不影响价格。如果有影响,也是通过间接渠道产生的,并且也不是主流意见所认为的那种影响。事实上,通过发行政府债券融资的赤字增加了利息支付,从而增加了储蓄者的货币收入;结果是,这种融资方法

112

与通过创造货币融资的方法相比较,在融资的赤字规模相同的情况下,将更大幅度地抬高货币价格。根据第 5.4 节中的等式,上面这个结论是由现存债券数量 B 增加所导致的。在内生货币的背景下,收入增加也会引起货币存量增加。但是,诚如凯恩斯可能会说的那样,虽然价格水平和货币存量同时在增加,但变化影响的方向是反过来的,货币数量增加是结果,而不是价格上升的前提条件(Keynes, 1971[1930],第 11 章:156—159;*Collected Writing*,第 6 卷:141—143)。

毋庸赘言,政府赤字的融资技术会直接影响利率水平。事实上,如果政府支出上升而货币存量不变,为了给这些新增的交易(如果货币数量不变,新增的交易与更高的收入水平相关)融资,利率将不可避免地上升。

8.3　通胀与利润

一个众所周知的事实是,预期通胀会引起利率上升。贷款利率上升实际上是债权人出于保护其贷款免遭通胀侵蚀所必须的。人们普遍持有的信条是,如果实际通胀等于预期通胀,利息指数化将是公平的:如果以实际价值来度量,贷款还款的时间结构可能会有所变化,但债务总量保持不变。但是,前面的分析表明,只有在现有的货币存量全部由政府赤字创造的情况下,这个结论才能成立。在循环论采用的那种内生货币的框架下,货币是由生产企业欠银行的私人部门债务创造的,由此得出的结论刚好相反。如果把通胀定义为货币价格的持续上升,通胀本身就会引起生产企业的银行债务同比率增加。如果是这样,那么落在生产企业上的年度财务负担,按照货币价值计算,增加幅度等于通胀率的两倍;按照实际价值计算,生产企业财务负担与通胀率同比率增加。

这个结论与经济政策有重要关系。在通胀情况下,如果工人在生活成本上涨之前就提出预防性的工资增加要求,这可能会使生产企业在劳动市场上受到冲击。但是,不只是在劳动市场,生产企业在信贷市场上可能会再一次遭受利润损失的冲击。在内生货币供应的背景下,通胀引起利润从生产企业流向银行的再分配,这意味着产业利润下降和金融利润上升。生产企业可以通过提高货币价格来弥补劳动市场上的损失,但无法弥补信贷市场上利率上升带来的损失。事实上,任何价格上升都将逼迫生产企业追加借债,因而增加生产企业承受的财务负担。

产业利润被认为是投资融资的优先来源,因此,为刺激经济增长,维护产业利润可能是一个共同的利益。利润保护可以通过限制工资和降低利率两个方面的政策措施来实现。降低信贷市场利率可以通过降低官方贴现率达到;降低金融市场利率可以通过鼓励企业发行更具流动性和更容易销售的证券,以增加其对储蓄者(他们倾向于尽量避免流动性差的资产配置)的吸引力。

在限制工资和降低利率这两条行动路线之间的选择,显然具有政治意义。这取决于政策制定者的社会观与一系列外部限制(如国际资本市场上的利率趋势)。但是,循环论的重要贡献是指出了这样的事实:在通胀环境下,如果应用费雪规则进行融资指数化,即使没有任何来自劳动市场的压力,产业利润也会因信贷市场的运作而趋于减少。

这个结论也适用于金融市场,特别是适用于政府债务的情况。在通胀中,政府债券的货币收益可能随普遍的利率水平一起上升。一般来说,我们可以假设政府有按实际价值确定支出的倾向,即使这不是一个精确的规则。这意味着通胀对政府承受的财务负担的作用产生了两个结果。第一个是,如果应用费雪规则,对利率的指数化已对偿还本金作了部分预期准备。如果仅限于此,通胀还只是改变还款的时间结构,并没有改变总的财务负担量。在最后还款的实际价值减少未被注意的情况下,因表面上每年实际债务负担增加(由于每年利息开支的增加),可能出现总的财务负担加重的感觉,最多不过是一种幻觉。但是,如前面所说的,与普遍的观点不同的是,同时还产生的第二个结果是,同私人债务一样,通胀与费雪规则相叠加使政府债务的实际负担也增加了。

这里可以汲取的政策涵义是,通胀期间任何政府赤字都应通过增加货币存量进行融资(向中央银行借入需支付名义利息的债务),而不是求助于金融市场和储蓄者。

8.4 实际收入分配

还有一个更重要的政策涵义是有关实际收入分配的。循环论认为,实际收入在工资和利润之间的分配,与以下两个方面的因素有紧密的联系:(1)生产企业决策的独立性;(2)消费品和资本品生产的分割。生产企业的决策是在实际层面上做出的,并不顾及因向生产要素支付报酬的改变而产生的货币收入分配或再分配。这个决策也不受制于税收对收入再分配的影响。事实上,即使在极端情况下,只对利润征税且全部政府补贴都流向工资收入者,实际收入的分配也不会有所改变。

由此引申出的政策涵义是清晰的。如果政府想改变实际收入分配,使之更有利于工资而非利润,那么使用货币税收和补贴的手段是不起作用的。政府应该提供实际商品和服务,并使那些政府想提高其实际收入的社会群体能够得到这些商品和服务。

注 释

① Messori(1988)提供了这种分析的例子。

结 语

9.1 循环论的一般特征

在更一般的层面上,所谓的循环论对经济过程的分析方法不过是对货币创造、周转和最后毁灭等相继而起的阶段的描述。这个方法本身与当前仍为主流且更传统的理论之间不应该有什么根本上的分歧,但循环论在对一些具体却关键的情况的分析上,还是得出了完全不同的结论。两者间主要的分歧我们择要综合归纳如下。

9.2 市场的性质

在新古典经济学模型中,只要以充分竞争为主导,市场就会被认为是一种完全民主和平等的机制。任何收入和财富分配的不平等,都不是市场机制本身运作的结果,因为无论供给或需求的是什么商品和服务,有多少数量,经济行动者都可以在平等基础上协商谈判。当然,行动者的购买力越大,对均衡价格的影响力也就越大。这可以被认为是一种权力不平等,但这种不平等来自收入分配的不平等,并非是由于市场本身的运作。

如果我们固守新古典经济学的视角,探寻收入分配不平等的起源,那么,这些不平等似乎也是无可厚非的。劳动收入的不平等应归咎为每个行动者在天生能力、职业技能形成方式上的不同,因而归咎为行动者进入劳动市场前对人力资本投资的不同。资本收入的不平等源于财产和财富分布不均,应归咎为行动者自身储蓄倾向的不同,或传给其财产的上代人在储蓄倾向上的差异。因此,任何行动者的可支配收入完全来源于劳动、他自身或前人的储蓄。个别行动者可以享有因为他人的节俭而积累起来的财富,这可能看上去是不公正的。但是,为自己和为后代积累财富的行为都被认可为个人的自然倾向。而且,人们普遍接受的观点是,如果对遗产征以重税,个体行动者的储蓄倾向可能大幅降低,长期来说,这对整个社会是有害的。

循环论对市场机制的看法完全不同。在货币经济中,拥有实际生产资源(不论是实际商品还是劳动技能)本身并不意味着有进入市场购买相应部分的可得产品的可能性,也不意味着有被赋予购买力的可能性。这对工资收入者来说尤其正确。失业者不管有什么技能,都无法进入市场;如果他们被雇佣,得到的是一份事先不能决定或协商确定其实际价值的货币收入。

在货币经济中,能否进入市场不再取决于是否拥有实际可利用的资源,而取决于是否拥有一笔达到必要数量的支付手段。如前所述,由于在货币经济中,只有生产企业才能获得信贷,并能由此得到流动性手段,因此它们决定了经济活动水平、工资收入者的实际消费和资本积累率,而且只有生产企业才能获得新的生产资料财产。而工资收入者的购买力却要由生产企业的独立决策决定。

9.3　实际收入和财富

市场上不同群体受到的不同待遇，对群体中的个人所拥有财富的性质产生了影响。

循环论强调以下事实，对储蓄所有者整体来说，储蓄者以证券或银行存款形式持有的金融财富并非是实际财富。如果某些单个储蓄者成功地向其他人出售其部分或全部金融财富，这无疑可以增加其实际消费；因此，单个经济行动者利用储蓄的金融财富，可以改变其实际消费的时间结构。但是，对储蓄者整体来说情况并非如此。事实上，如果全部储蓄者都决定出售部分财富，以提高其现行消费，他们可能会找不到购买者（即使能找到，他们在商品市场上的花费也只能提升价格，而不能增加实际消费）。

如果金融财富并非是作为一个整体的工资收入者的实际财富，这意味着对他们来说实际收入水平等于实际消费水平。而且，循环论表明，工资收入者整体的实际消费水平取决于由生产企业决定的消费品生产数量。在货币生产理论中没有消费者自主发挥作用的空间。消费者主权原则完全可以忽略不计，取而代之的是相反的生产者主权原则。在政府开支方面也是如此。投资完全由生产企业自主地决定，不可能被政府开支挤出；政府开支能挤出的是居民消费。

循环论在去除消费者主权并确立生产者主权原则后，对市场均衡作了不同的定义，对其给出了不同的含义。事实上，在货币生产理论中，均衡不必是唯一的或稳定的。这个理论允许存在因银行和生产企业可能采取的策略而形成的多重均衡。由此，如前文已经指出的那样，循环论者可以从一些伟大的先驱者那里得到支持。魏克赛尔在提出一个完整的货币经济模型后，彻底放弃了新古典经济学以消费者主权为主导的均衡状态唯一性的观点。他的结论是，生产企业和银行之间存在一个假想的协议,倾向于把货币利率设定在低于他所说的"自然"利率水平上;较低的货币利率会导致"平均生产时期的延伸",从而向消费者强加一定数量的被迫储蓄,以消费者为代价,形成一笔在银行和生产企业之间分配的超额利润(Wicksell,1936[1898],第 9 章附录 B)。

熊彼特肯定也是循环论的先驱者。他也坚决拒绝消费者主权原则(Schumpeter,1939,第 3 章第 A 节:73—74)。他在拟想银行如何做出是否同意生产企业启动投资这一关键决策时,常常着重提到银行部门的权力(Schumpeter,1934[1911],第 2 章和第 3 章,第 1 节)。在另一个传统上,凯恩斯对银行的重要性并没有一以贯之的论述,但他在 1937 年的一篇文章中为《通论》忽视了对货币供应的分析而感到遗憾。凯恩斯认为,虽然需求不振及接踵而来的持续萧条阶段的责任应由投机者和食利者承担,但银行仍能通过创造支付手段的方法,在经济体系的运行中发挥更大的力量(Keynes,1973b[1937]:210—211)。

9.4　利润的形成

新古典经济学的收入分配遵循边际生产力原则。根据这个原则,每种资源按其对总产出的贡献比例在总产出中获取相应的份额。新古典经济学花费了许多精力,构建与这个严格的"按功行赏"(meritocratic)标准相适应的理论,并证明这个理论的逻辑是自洽的和完全符合现实的。边际生产力收入分配理论几乎就是边际生产理论,其全部教义都是以此为目标构建起来的。

新古典经济学利润理论是采取边际思路的一个明显例子。根据一般经济均衡理论(瓦尔拉斯在《纯粹经济学纲要》中提出的那种理论)中比较严格说法,充分竞争均衡时利润消失。在一个竞争市场中,企业家经营没有利润或损失,他的报酬是对其作为生产协调者工作的回报。而马歇尔可能会说,企业家的报酬不过是对传统生产三要素(劳动、土地和资

本)之外的第四种要素(可称为"组织")的回报(Marshall, 1961[1920]:
138—139)。即使是在充分竞争市场中,如果存在(通常确实存在)有超
额利润的企业家,这也是因为存在完全只属于他们个人的能力,他们的
利润应该被解释成对特殊劳动的回报。马歇尔解释说,边际企业家(效
率较低的那个企业家)没有任何利润,其获取的收入只够其弥补付出的
成本。瓦尔拉斯法则(没有利润,没有损失)只对这个边际企业家才不折
不扣地适用。

循环论者出于其激进的动机摒弃了边际分配理论。如前面几个章
节所示,按照循环论的说法,利润不仅普遍存在,而且无关于企业家的能
力或业绩。利润只因以下事实而存在:生产企业作为商品市场上有无限
购买力的购买者,能够确保通过出售其商品或发行证券收回其全部开
支,并且还能获得满足其生产和投资计划所需的实际产出份额。

9.5 利息的性质

循环论和主流经济理论在利润和利息的关系上也存在着同样深刻
的分歧。

根据新古典经济理论,如果存在利润,那么,利润对应于企业家的特
殊能力,而利息是对储蓄者预先提供购置固定资产所必要的资源的报
酬。因此,利息是对资本家储蓄(或节制、等待)的回报。事实上,在均衡
时,利率应该既等于储蓄者的边际时间偏好,也等于投资的边际生产力。
生产企业向储蓄者支付的总利息应该与其提供的储蓄数量成比例,因而
也与企业投资的资本数量成比例。用形式化的术语来说,我们定义总产
出是投入资源数量的函数,各种资源可以简单地还原为劳动 N 和资本
K 的数量:

$$X = f(N, K)$$

各种资源的报酬(实际工资或实际利息)等于这种资源的边际产出:

$$\delta X/\delta N = w/p\,;\ \delta X/\delta K = r$$

由此,资本的总回报以及企业由此承担的向储蓄者支付的财务费用,与投入的固定资本成比例。新古典经济学模型没有提到向银行支付的利息。这可能是因为这里的工资实际上是在生产过程结束后支付的,而非预先支付的。由于生产企业不必预付工资账单,因而不必向银行告借这个数量的贷款(参见第 2.3 节)。

循环论把这个思路颠倒了过来。利息不再只向储蓄者支付,而且也向银行支付;利息支付也不再是因为固定资产投资,而是因为现有的银行贷款,因此,它与投入使用的生产资料的生产力也不再有任何关联。在循环论中,利息不再是由于储蓄或节制,而是由于获得货币或信用在货币经济中是一个关键因素的事实。银行是货币和信用的生产者,它们享有的特权地位,使其能在总产出中占有某个份额[Neisser(1928:13)着重论述了这个问题]。

9.6 货币的性质

根据循环论的观点,银行和生产企业不仅应该区别对待,而且还要把它们看作是两个互相冲突的部门。周转中的货币来源于信用市场上银行和生产企业之间的谈判,而且,不同于主流观点的是,货币被定义为一个严格内生的数量。

这种对货币经济的分析澄清了新古典经济学中一个普遍存在的错误观点,这种观点认为银行提供的流动性来源于储蓄,同时,流动性是用来为投资提供融资的。前几章的分析清楚地表明,银行融资与储蓄或投资无关。银行融资与储蓄无关,银行能够发放贷款的原因在于银行自己预支了流动性,而不在于银行从前期收入中提取了流动性。银行贷款也与投资无关,因为生产企业需要的期初融资,必然包括生产消费品和投资品全部成本。因此,生产企业能够实施其生产计划的可能性并不掌握在储蓄者手里,也不取决于储蓄者是否愿意提供数量充足的储蓄,而是掌握在银行手里,取决于银行是否愿意提供生产企业所需要的流动性。根据这个观点,如前文所述,货币生产理论与熊彼特的学说有直接的关联。熊彼特的理论认为,银行家是企业家计划的最后裁判者(Schumpeter, 1934[1911],第 2 章,Messori, 1984)。据我们所知,凯恩斯在《通论》中忽略了银行在为经济融资方面所发挥的作用;他在多年后重新讨论这个问题时,强调了期初银行贷款的必要性(Keynes, 1973b[1937]:248)。

9.7　投资融资

如果企业决定实施新的投资,那么新生产的资本品可能由企业自己购买;或者如果居民决定在企业发行的证券上配置其部分金融储蓄,则新生产的资本品将由居民(间接地)购买。如前所述,按照循环论的说法,企业在商品市场上的购买行为向居民强加了一笔被迫储蓄。由此得出的结论是,投资总能在总储蓄中找到对应的部分,不论是自愿还是被迫的储蓄。这种储蓄实际上是投资的期末融资(Keynes, 1973a[1936]:81ff.)。

只有在居民的自愿储蓄与生产企业计划投资相等的特殊情况下,被迫储蓄才不存在。在这种情况下,生产企业没有利润,投资全部通过在金融市场上发行证券进行融资。有人可能会认为,金融市场发挥了为投资提供融资方面的作用虽然从其他各个方面来看金融市场的作用应更确切地被定义为引导居民的货币储蓄流向生产企业的渠道。

9.8　自我融资

许多文献常常提到生产企业的自我融资,将其视为一种可能的融资来源。最普遍的观点是,财务稳健的生产企业应该有能力通过自我融资或向储蓄者出售股权的方式,为其投资进行融资。长期存在高额负债常被认为是财务脆弱的征兆。

为了从循环论的视角分析这个问题,我们假设经济体系仅由私人部门组成,不存在政府开支和政府债务。在这个体系中,货币存量全部由生产企业的中央银行负债组成。相应地,生产企业的资产负债表变得非常简单。资产是工厂和机器,加上可能有的半成品存货。负债是:

(1) 未偿付的证券存量;

(2) 银行债务,依定义等于工资收入者持有的流动性;

(3) 如果资产价值超过公众持有的股票价值,那么,生产企业的自有资本中将有一部分是由累积利润构成的。这最后一项即是自我融资的对应部分。

因此,如果考虑的是生产企业期初融资需求(即购买生产资料所需要的支付手段),那么可以不考虑自我融资,因为期初融资只能来自银行债务。如果考虑的是为投资进行融资的问题,那么,自我融资就是生产企业赚得并累积的利润。

如果存在政府部门(对假设略作调整),上述结论也是对的。如前所述(参见第5.4节),赤字开支的存在将减少生产企业的银行债务,使生产企业能将其持有的流动性积累起来,而部分地摆脱银行的影响。在这种情况下,自我融资不仅是投资的期末融资来源,也是期初融资来源。但是,之所以会这样,显然是因为政府部门向中央银行借债,并通过赤字开支将流动性转移给了私人部门。

这种说法也适用于单个生产企业的情况。前面多次提到,单个生产企业原则上能赚到货币利润,从而可以为自己的期初融资需求提供自我融资。当然,如果某个生产企业有自己的期初融资,并为其部分开支提供资金,那么,必然会至少有一个其他的行动者正在面临预算赤字,这可能是一家亏损的生产企业,也可能是出现赤字的政府部门。

不管怎样,明白无误的是,如果我们考虑生产企业部门整体,并排除出现政府赤字的情况,那么,自我融资不可能表现为可利用的期初融资,而只可能以累积利润的形式存在。希克斯曾建议区分所谓的纯自主部门(以其直接持有的流动性资产为基础)和透支部门(靠信用和银行贷款经营,仅仅依赖于自身拥有的举债能力)(Hicks,1974,第 2 章:50ff.)。我们这里的结论对这种说法提出了怀疑。[①]

9.9 经济危机

循环论者认为经济危机有两个起源,分别与货币周转的启动和结束阶段有关。经过凯恩斯主义宏观经济学的大量分析,我们对有关货币周转结束阶段的问题已有较多的了解,因此,从结束阶段入手,分析会更容易一些。

如前所述,生产企业只要能靠出售商品或发行证券来偿还从银行借来的全部流动性,就可以被认为是处于财务均衡状态。首先考虑储蓄者持有的流动性增加的情况。我们知道,在这种情况下生产企业将增加其银行债务。银行向生产企业放贷,在超过某个限度后,银行可能会觉得不宜再追加贷款而停止放贷,这个决定可能会引起经济危机。我们不能排除这种可能性,但这种情况实际上是不大可能发生的。流动性偏好的增加将引起全部生产企业的银行债务普遍上升(这是凯恩斯在《通论》中所研究的经济危机情况);如果银行债务增加真的是普遍现象,银行可能会清楚地知道这不是单个生产企业在经营上出现了问题,而是公众对货币的需求增加了。如果真是这样,银行应该能恪守其职责,即满足公众对持有流动性需求，而更多地向生产企业发放其所需要的贷款。我们也应该记得，哈耶克等典型的反凯恩斯主义经济学家也认为，只要流动性偏好上升，银行就应该提供更多的贷款（Hayek，1978）。

如果考虑单个生产企业的情况，这时的结论当然会有所不同。因为即使生产企业整体处于财务均衡状态，但仍然可能有一些生产企业处于盈利状态，而其他生产企业相应处于亏损状态。如果是这种情况，对这些银行债务上升到超过平均水平的生产企业，银行可能会削减融资。可以靠单个生产企业之间的交易来使这个状况恢复均衡，其中盈利企业可能会向亏损企业提供信贷，甚至收购亏损企业。如果没有这种交易，因缺少银行信贷，亏损企业可能被迫降低经营活动水平。由此，盈亏之间平衡的可能性将不复存在，经济活动的一般水平将下降，而这可能引起一场普遍的危机。

我们现在再考虑货币周转启动阶段的因素所引发的经济危机。凯恩斯也研究过这些因素。首先，银行可能会拒绝满足生产企业的信贷要求，这是前面提到过的，被凯恩斯称为"银行的力量"（the power of the banks）的一种情况。第二种可能性是，生产企业可能会主动决定降低经营活动水平。无论哪种情况，萧条都不可避免。应该强调的是，在这种情况下，庇古效应（Pigou effect）——新古典经济学视角下一种摆脱危机的效应——不再有效。事实上，庇古可能会认为，生产企业降低经营活动水平之后，紧跟而来的很可能是工资和物价的普遍下跌，这（作为庇古效应的核心部分）将明显地提高行动者持有货币的实际价值。但是，如果萧条起源于生产企业经营水平的下降，及其随后削减银行贷款需求数量的主动决策，那么，行动者持有的名义货币数量也将随价格的下跌而减少，从而不可能产生任何庇古效应（Keynes，1973a[1936]:236）。

在这个方面，我们应该明确指出上面谈论的两种危机的可能情况之间的差别。在第一种情况（货币周转结束阶段的因素发挥作用）中，萧条的来源正是持有流动性的行为，不论这种流动性是被储蓄者还是被盈利企业持有。这时价格下跌确实会引起行动者的流动性财富的实际价值增加,这可能是总需求上升的先决条件。在第二种情况(货币周转启动阶段的因素发挥作用)中,随着价格下跌,生产企业降低经营活动水平的决策,将导致向生产企业发放的贷款和现存货币存量同时减少。因此,这时经济陷入了一种困境。凯恩斯针对这种困境,批评当时甚至尚未提出的庇古效应说:"如果货币存量本身是价格和工资水平的函数,那么,朝这个方向努力几乎毫无希望可言。"(Keynes,1973a[1936],第19章:266)

9.10 金融化问题

储蓄者和投机者重视金融配置而轻视生产性活动的启动,是现今世界的一个普遍现象。一个主流观点是,经济行动者的偏好改变,特别是投资者越来越不愿意冒险而更加倾向于回避风险的事实,决定了金融配置重要性的提高。因此,行动者持有的流动性资源常常不是用来雇佣劳动和安排生产的,而是用来向别人放贷的,以赚取安全的利息收入。

循环论的分析表明,企业家精神衰退本身并不足以导致金融相对于生产的重要性提高,要形成这个结果,还需要一些技术上的因素。准确地说是:

(1)第一个条件是有盈利企业的存在,不仅要有实物形式的利润(这只是通过自我融资进行融资的一种情况),而且要有货币形式的利润。如前所述,这只有在同时有其他行动者遭受亏损的情况下才可能发生。这相当于说,大幅增加金融活动而危害实际生产的情况,只能发生在一些经济行动者个体的资产负债表出现失衡的时候,例如,一整批生产企业存在巨额亏损(虽然一些其他生产企业有相应的巨额利润),或者政府出现巨额赤字。单是风险偏好下降也可能引起经济活动水平的下降,但不至于导致金融的增长超过实际生产。这种失衡的一种典型情况,是政府赤字形成了私人部门相应的利润。

（2）第二个条件也是必要的，即有银行债务的行动者准备从持有流动性的行动者那里获得贷款，用对这些行动者的债务来代替对银行的债务。政府企图通过发行新的证券为其赤字融资时，就很可能会发生这种情况。同样地，当生产企业在信用紧缩时出现财务困境，又不能从银行获得所需要的信贷，因而转去求助持有流动性的非银行部门时，也可能发生这种情况。尽管如此，大家都知道的一个信贷紧缩的结果是，货币存量减少或增速降低将引起货币周转速度的加快。

我们对前面的讨论作一总结：按照循环论的看法，企业家精神的衰退并不能很好地解释所谓的金融部门重要性提高的现象，更好的解释在于与信用紧缩相配套的巨额政府赤字。

注 释

① 当然，如果希克斯指的是某个单个部门，这种说法并没有什么问题。但希克斯提到的是"一个纯自主经济"，即一种不存在透支部门、所有生产企业都能依靠其持有的流动性储备和货币运行的经济，这是一种不同的情况（Hicks，1974：51）。

参考文献

Arestis, Ph., 1997, *Money*, *Pricing*, *Distribution and Economic Integration*, London, Macmillan.

Arrow, K. J. and Hahn, F. H., 1971, *General Competitive Analysis*, Edinburgh, Oliver & Boyd.

Barrère, A., 1979, *Déséquilibres économiques et contrerévolution keynésienne*, Paris, Economica.

Barrère, A. (ed.), 1985, *Keynes aujourd'hui*, Paris, Economica.

Barrère, A., 1988a, *The Foundations of Keynesian Analysis*, London, Macmillan.

Barrère, A., 1988b, *Money*, *Credit and Prices in Keynesian Perspective*, London, Macmillan.

Benetti, C., 1991, 'Le problème de la valeur de la monnaie: F. Galiani et A. Smith', in Rosier, M. (ed.), *Le marchéchez A.Smith*, Paris, l'Harmattan: 105—118.

Benetti, C. and Cartelier, J., 1990, 'Monnaie et formation des grandeurséconomiques', in Cartelier, J. (ed.), *La formation des grandeurs économiques*, Paris, Presses Universitaires de France: 323—353.

Bernanke, B. S. and Blinder, A. S., 1988, 'Credit money and aggregate demand', *American Economic Review*, 78: 435—439.

128

Berti, L., 1987, 'Alle origini della teoria monetaria contemporanea. Il contributo di Gunnar Myrdal', Introduction to the Italian translation of Myrdal 1939: *L'equilibrio monetario*, Rome, Instituto dell'Enciclopedia Italiana.

Berti, L., 1992, 'Sulla nozione di economia monetaria', *Problemi del socialismo*, 1:3—11.

Blinder, A.S. and Solow, R., 1974, *Economics of Public Finance*, Washington, DC, Brookings Institution.

Bossone, B., 2001, 'Circuit theory of banking and finance', *Journal of Banking and Finance*, 25:857—890.

Bresciani-Turroni, C., 1936, 'The theory of saving', *Economica*, 3:1—23, 162—181.

Cannan, E., 1921, 'The meaning of bank deposits', *Economica*, 1:28—36.

Cartelier, J., 1996, 'Payment systems and dynamics in a monetary economy', in Deleplace and Nell: 200—238.

Cartelier, J., 2001, 'La coordination en déséquilibre. Loi de l'offre et de la demande ou régulation monétaire', in Cartelier, J. and Frydman, R. (eds.), *L'économie hors déquilibre*, Paris, Economica: 151—166.

Cencini, A., 1984, *Time and the Macroeconomic Analysis of Income*, London, Pinter.

Cencini, A. and Schmitt, B., 1992, 'Per la creazione di uno spazio monetario europeo', in Chopard, R. (ed.), *Europa 93*, Bellinzona, Meta Edizioni: 99—136.

Cesarano, F., 1995, 'The new monetary economics and the theory of money', *Journal of Economic Behavior and Organization*, 26:445—455.

Cesaroni, G., 2001, 'The finance motive, the Keynesian theory of the rate of interest and the investment multiplier', *European Journal of the History of Economic Thought*, 8:58—74.

Chick, V., 1986, 'The evolution of the banking system and the theory of saving, investment and interest', *Economies et Sociétés*, Série Monnaie et Production, 3:111—126.

Chick, V., 1995, 'Is there a case for post Keynesian economics?', *Scottish Journal of Political Economy*, 42, 1:20—36.

Clower, R.W., 1977, 'The anatomy of monetary theory', *American Economic Review*, *Papers and Proceedings*, 67:206—212.

Clower, R.W. (ed.), 1969, *Monetary Theory*, Harmondsworth, Penguin.

Debreu, G., 1959, *Theory of Value*, New York, Wiley.

De Brunhoff, S., 1976[1967], *Marx on Money*, New York, Urizen Books.

Deleplace, G. and Nell, E. (eds.), 1996, *Money in Motion. The Post-Keynesian and Circulation Approaches*, New York, Macmillan.

De Vecchi, N., 1993, *Entrepreneurs, Institutions and Economic Change. The Economic Thought of J. A. Schumpeter 1905—1925*, Aldershot, Edward Elgar.

De Viti De Marco, A., 1885, *Moneta e prezzi*, Città di Castello, Lapi 1990 [1934], *La funzione della banca*, Turin, Utet.

Dillard, D., 1980, 'A monetary theory of production. Keynes and the institutionalists', *Journal of Economic Issues*, 24:255—273.

Eboli, M., 1991, 'The finance of fixed and working capital. An exercise in stock-flow modelling', *Studi economici*, 46:77—104.

Edgeworth, F.Y., 1888, 'The mathematical theory of banking', *Journal of the Royal Statistical Society*, 51:113—127.

Fanno, M., 1992[1933], *La teoria del credito e della circolazione*, ed. A. Graziani and R. Realfonzo, Naples, E.S.I.

Fanno, M., 1995[1912], *The Money Market*, with forewords by A. Graziani and M. Morishima, London, Macmillan.

Ferrara, F., 1961[1856], 'Della moneta e dei suoi surrogati', Preface to *Biblioteca dell'Economista*, vol. 5, now in *Opere complete*, vol. 5, Rome, Bancaria, 1961:3—35.

Fisher, I., 1896, *Appreciation and Interest*, Publications of the American Economic Association, vol. 11, no. 4, New York, Macmillan.

Fisher, I., 1930, *The Theory of Interest*, New York, Macmillan.

Fisher, I., 1963[1911], *The Purchasing Power of Money*, New York, A.M. Kelley.

Fontana, G., 2000, 'Post Keynesians and circuitists on money and uncertainty. An attempt at generality', *Journal of Post Keynesian Economics*, 23: 27—48.

Fontana, G., 2001, 'Rethinking endogenous money. A constructive interpretation of the debate between accommodationists and structuralists', Discussion Paper, University of Leeds, Economics Department, January.

Galiani, F., 1780, *Della Moneta*, Naples, Stamperia Simoniana(1st edn, n.p., 1750).

Giacomin, A., 1994, 'Power and trade in the economy of the ancient régime', *Jahrbuch für Wirtschaftsgeschichte*, 6:131—154.

Godley, W., 1990, 'Tempo, rendimenti crescenti e istituzioni in macroeconomia', in Biasco, S., Roncaglia, A. and Salvati, M. (eds.), *Istituzioni e mercato nello sviluppo economico. Saggi in onore di P. Sylos Labini*, Bari, Laterza: 69—94.

Godley, W. and Cripps, F., 1981, *Macroeconomics*, London, Fontana.

Graziani, A., 1983, 'Interesse reale e interesse monetario. Storia di una controversia', *Rivista milanese di economia*, 6:77—108.

Graziani, A., 1984, 'The debate on Keynes' finance motive', *Economic Notes*, 1:5—32.

Graziani, A., 1987, 'Economia Keynesiana e teoria del circuito', in Gandolfo, G. and Marzano, F. (eds.), *Keynesian Theory*, *Planning Models*, *and Quantitative Economics*, Milan, Giuffre: 57—76.

Graziani, A., 1989, *The Theory of the Monetary Circuit*, London, Thames Papers in Political Economy(also in *Economies et Sociétés*, Série Monnaie et Production(1990), 7:7—36).

Graziani, A., 1991, 'La théorie keynésienne de la monnaie et le financement de l'économie', *Economie appliquée*, 44, 1:25—41.

Graziani, A., 1994, 'Real wages and the loans—deposits controversy', *Economie appliquée*, 1:31—46.

Graziani, A., 1996, 'Money as purchasing power and money as a stock of wealth in Keynesian economic thought', in Deleplace and Nell: 200—238.

Graziani, A., 1998, 'A note on Hayek's macroeconomic equilibrium', in Michon, F. (ed.), *L'économie: une science pour l'homme et la société*, Paris, Publications de la Sorbonne: 105—116.

Hagemann, H. and Rühl, C., 1987, 'N. Johannsen's early analysis of the savings—investment process and the multiplier', *Studi economici*, 42:99—144.

Hahn, F.H., 1982, *Money and Inflation*, Oxford, Blackwell.

Hahn, L.A., 1920, *Volkswirtschaftliche Theorie des Bankkredits*, Tubingen, J.C.B. Mohr.

Hahn, L. A., 1954, 'Intervention', in Weber, A. (ed.), *Bankkredit und Langfristigen Investitionen*, Berlin, Duncker & Humblot.

Halevi, J. and Taouil, R., 1998, 'On a post-Keynesian stream from France and Italy. The circuit approach', University of Sydney, Department of Economics, Working Papers in Economics, no.98—108.

Hansson, B., 1992, 'Forced saving', in Newman, P., Milgate, M. and Eatwell, J. (eds.), *The New Palgrave Dictionary of Money and Finance*, vol.2, London, Macmillan: 140—141.

Hawtrey, R., 1923, *Currency and Credit*, London, Longmans, Green & Co.

Hawtrey, R., 1927, *The Gold Standard in Theory and Practice*, London, Longmans, Green & Co. (5th edn, 1947)

Hawtrey, R., 1931, 'Credit', in *Encyclopaedia of the Social Sciences*, vol.4, New York, Macmillan: 545—550.

Hayek, F. A., 1932, 'The development of the doctrine of forced saving', *Quarterly Journal of Economics*, 47: 123—133. (reprinted in *Profits, Interest and Investment*, London, Routledge & Kegan Paul, 1939: 183—197)

Hayek, F. A., 1933, *Monetary Theory and the Trade Cycle*, London, Jonathan Cape.

Hayek, F. A., 1935, *Prices and Production*, London, Routledge & Kegan Paul, 2nd edn.

Hayek, F. A., 1978, *Denationalization of Money*, London, Institute of Economic Affairs.

Heinsohn, G. and Steiger, O., 1983, 'Private property, debts and interest, or: The origins of money and the rise and fall of monetary economies', *Studi economici*, 38: 3—56.

Heinsohn, G. and Steiger, O., 1996, *Eigentum, Zins und Geld. Ungelöste Rätsel der Wirtschafts-wissenschaft*, Reinbek, Rohwolt. (2nd edn, Marburg, 2002)

Heinsohn, G. and Steiger, O., 2000, 'The property theory of interest and money', in Smithin: 67—100.

Heinsohn, G. and Steiger, O., 2001, 'Property titles as the clue to a successful transformation', in *Verplichtungsökonomik. Eigentum, Freiheit und Haftung in der Geldwirtschaft*, Marburg, Metropolis Verlag: 203—220.

Helfferich, K., 1919, *Das Geld*, 4th edn, Leipzig, C.L. Hirschfeld. (1st edn 1903)

Hicks, J. R., 1933, 'Gleichgewicht und Konjunktur', *Zeitschrift für Nationalökonomie*, 4:441—455. (English translation, slightly abridged: 'Equilibrium and the cycle', in Hicks, J., *Money, Interest, and Wages*, Oxford, Blackwell, 1982:28—41)

Hicks, J.R., 1974, *The Crisis in Keynesian Economics*, Oxford, Blackwell.

Hicks, J.R., 1989, *A Market Theory of Money*, Oxford, Clarendon Press.

Howells, P., 2001, 'Real balance effects and endogenous money', paper presented at the Conference on Endogenous Money, Berlin, March.

Jannaccone, P., 1946, *Moneta e lavoro*, Turin, Utet.

Kaldor, N., 1956, 'Alternative theories of distribution', *Review of Economic Studies*, 23:83—100. (reprinted in *Essays on Value and Distribution*, London, Duckworth, 1980:209—236)

Kaldor, N., 1985, 'How monetarism failed', *Challenge*, 28:4—13.

Kalecki, M., 1990 [1933], 'Essay on business cycle theory', in Kalecki 1990—1991, vol.1: 67—81. (first Polish edition 1933)

Kalecki, M., 1990—1991, *Collected Works of Michael Kalecki*, Oxford, Clarendon Press, 2 vols.

Kalecki, M., 1991[1942], 'A theory of profits', *Economic Journal*, 52: 258—267. (reprinted in Kalecki 1990—1991, vol.2: 151—161)

Keynes, J.M., 1971[1913], *Indian Currency and Finance*, London, Macmillan.

Keynes, J. M., 1971[1930], *A Treatise on Money*, London, Macmillan. (*Collected Writings of J.M. Keynes*, vols.5 and 6, London, Macmillan, 1971)

Keynes, J.M., 1973a[1936], *The General Theory of Employment, Interest, and Money*, London, Macmillan. (*Collected Writings of J.M. Keynes*, vol.7, London, Macmillan, 1973)

Keynes, J.M., 1973b[1937], 'Alternative theories of the rate of interest', *Economic Journal*, 64:241—252. (*Collected Writings of J.M. Keynes*, vol.14, London, Macmillan, 1973:201—215)

Keynes, J.M., 1973c[1937], 'The ex-ante theory of the rate of interest', *Economic Journal*, 64:663—669. (*Collected Writings of J.M. Keynes*, vol.14, London, Macmillan, 1973:215—223)

Keynes, J.M., 1973d[1937], 'The general theory of employment', *Quarterly Journal of Economics*, 51:209—223. (*Collected Writings of J.M. Keynes*, vol.14, London, Macmillan, 1973:109—123)

Keynes, J.M., 1983[1914], Review of 'A. M. Innes, What is Money?', *Economic Journal*. (*Collected Writings of J.M. Keynes*, vol.11, London, Macmillan, 1983:404—406)

Knapp, G.F., 1924[1905], *The State Theory of Money*, London, Macmillan.

Kregel, J.A., 1973, *The Reconstruction of Political Economy. An Introduction to Post-Keynesian Economics*, London, Macmillan.

Kregel, J.A., 1986, 'Shylock or Hamlet: Are There Bulls and Bears in the Circuit?', *Economies et Sociétés*, Série Monnaie et Production, 3:11—22.

Lahn, J. J. O., 1903, *Der Kreislauf des Geldes*, Berlin, Puttkammer & Mühlbrecht.

Lavoie, M., 1987, 'Monnaie et production. Une synthèse de la théo-rie du circuit', *Economies et Sociétés*, Série Monnaie et Production, 4:65—102.

Lavoie, M., 1992, 'Jacques Le Bourva's theory of endogeneous credit-money', *Review of Political Economy*, 4:436—446.

Lavoie, M., 1993, *Foundations of Post-Keynesian Economic Analysis*, Aldershot, Edward Elgar.

Lavoie, M., 1996, 'Monetary policy in an economy with endogenous credit money', in Deleplace and Nell, 532—545.

Le Bourva, J., 1962, 'Création de la monnaie et multiplicateur du crédit', *Revue économique*, 23:243—282.

Leijonhufvud, A. and Heymann, D., 1991, 'Money and the price level', University of Trento, *Annali del Dipartimento di Economia. A Supplement to Economia e Banca*, 4:1—37.

Lindhal, E., 1930, *Penningpolitikens medel*, Malmö, Forlagsaktien-bolaget. (English translation in Lindhal, E., *Studies in the Theory of Money and Capital*, London, Allen & Unwin, 1939, part II)

Lüken Klassen, M., 1998, 'Dominanzverhältnisse in der Geldwirtschaft', in Schelkle, W. and Nitsch, M. (eds.), *Rätsel Geld*, Marburg, Metropolis Verlag, 2nd edn, 63—76.

Lundberg, E., 1937, *Studies in the Theory of Economic Expansion*, London, King & Sons.

Machlup, F., 1932, 'The liquidity of short-term capital', *Economica*, 12: 271—284.

Machlup, F., 1943, 'Forced or induced saving: an exploration into its synonyms and homonyms', *Review of Economics and Statistics*, 25:26—39.

Mankiw, N.G., 1992, *Macroeconomics*, New York, Worth Publishers Inc.

Marget, A.W., 1966[1938], *The Theory of Prices*, New York, A.M. Kelley.

Marshall, A., 1961[1920], *Principles of Economics*, edited by C.W. Guillebaud, London, Macmillan.

Marshall, A., 1975[1870], *The Early Economic Writings of A. Marshall*, edited by J.K. Whitaker, London, Macmillan.

McCallum, B.T., 1985, 'Bank deregulation, accounting systems of exchange and the unit of account: a critical review', *Carnegie-Rochester Conference Series on Public Policy*, 23:13—46.

Menger, C., 1892, 'On the origin of money', *Economic Journal*, 2:239—255.

Messori, M., 1985, 'Le circuit de la monnaie. Acquis et problèmes non résolus', in Arena, R. and Graziani, A. (eds.), *Production, circulation et monnaie*, Paris, Presses Universitaires de France: 120—136.

Messori, M., 1988, 'Agenti e mercati in uno schema periodale', in Messori, M. (ed.), *Moneta e produzione*, Turin, Einaudi: 303—314.

Messori, M. (ed.), 1984, *J.A. Schumpeter. Antologia di scritti*, Bologna, Il Mulino.

Mill, J.S., 1909[1848], *Principles of Political Economy*, edited by W.J. Ashley, London, Longmans, Green & Co.

Modigliani, F. and Cohn, R.A., 1979, 'Inflation, rational valutation and the market', *Financial Analysts Journal*, 35:27—40.

Modigliani, F. and Papademos L., 1990, 'The supply of money and the control of nominal income', in Friedman, B.M. and Hahn, F.H. (eds.), *Handbook of Monetary Economics*, Amsterdam, North-Holland: 398—494.

Moore, B.J., 1983, 'Unpacking the post-Keynesian black box: bank lending and the money supply', *Journal of Post-Keynesian Economics*, 5:537—

556.

Moore, B.J., 1984, 'Keynes and the endogeneity of the money stock', *Studi economici*, 39:23—70.

Myrdal, G., 1939, *Monetary Equilibrium*, London, W. Hodge.

Neisser, H., 1928, *Der Tauschwert des Geldes*, Jena, G. Fischer Verlag.

Neisser, H., 1931, 'Kreislauf des Geldes', *Weltwirtschaftliches Archiv*, 33: 365—408.

Neisser, H., 1950[1934], 'General overproduction. A study of Say's law of markets', *Journal of Political Economy*, 42:433—465. (reprinted abridged in *Readings in Business Cycle Theory*, American Economic Society, 1950:385—404)

Padoa Schioppa, T., 1989, 'International payment systems: the function begets the organ', Bank of Italy, *Economic Bulletin*, 9:67—74.

Palley, T.I., 1997, 'Endogenous money and the business cycle', *Journal of Economics*, 65:133—149.

Pantaleoni, M., 1898, *Pure Economics*, London, Macmillan. (reprinted New York, Kelley & Millman, 1957)

Parguez, A., 1975, *Monnaie et macroéconomie*, Paris, Economica 1981, 'Ordre social, monnaie, et régulation', *Economie Appliquée*, 2—3:383—448.

Parguez, A., 1984, 'La dynamique de la monnaie', *Economies et Sociétés*, Sérié Monnaie et Production, 1:83—118.

Parguez, A., 1985, 'La Théorie Générale: la révolution inachevée dans la théorie du capital et du revenu', in Barrère:257—275.

Parguez, A., and Seccareccia, M. 2000, 'The credit theory of money: the monetary circuit approach', in Smithin:101—123.

Patinkin, D., 1965, *Money, Interest, and Prices*, 2nd edn, New York, Harper & Row.

Patinkin, D. and Steiger, O., 1989, 'In search of the veil of money and the neutrality of money', *Scandinavian Journal of Economics*, 91:131—146.

Poulon, F., 1982, *Macroéconomie approfondie*, Paris, Cujas.

Realfonzo, R., 1998, *Money and Banking. Theory and Debate 1900—1940*, Aldershot, Edward Elgar.

Riese, H., 1992, 'Bagehot versus Goodhart. Warum eine Zentralbank

Geschäftsbanken braucht', University of Bremen, Postkeynesianische For-schungsgruppe, working paper no.22.

Riese, H., 1998, 'Geld: Das letzte Rätsel der Nationalökonomie', in Schelkle, W. and Nitsch, M. (eds.), *Rätsel Geld*, Marburg, Metropolis Verlag, 2nd edn.

Robertson, D.H., 1926, *Banking Policy and the Price Level*, London, King & Son.

Robertson, D. H., 1928, 'Theories of banking policy', *Economica* (1928): 131—146. (reprinted in *Economic Essays and Addresses*, London, P. S. King & Son)

Robertson, D.H., 1937, 'Alternative theories of the rate of interest. Three re-joinders', *Economic Journal*, 47:428—436.

Robinson, J., 1956, *The Accumulation of Capital*, London, Macmillan.

Sawyer, M., 1985, 'Finance, money, and unemployment', Berlin, Interna-tional Institute of Management, Discussion Paper no.11.

Schlesinger, K., 1914, *Theorie der Geld und Kreditwirtschaft*, Munich, Duncker & Humblot. (English translation of ch.3, 'Basic principles of the money economy', *International Economic Papers*, vol.9, London, Mac-millan, 1959: 20—38)

Schmitt, B., 1972, *Macroeconomic Theory*, Albeuve, Editions Castella.

Schmitt, B., 1975, *Théorie unitaire de la monnaie, nationale et internation-ale*, Albeuve, Castella.

Schmitt, B., 1984, *Inflation, chômage et malformations du capital*, Paris, Economica.

Schmitt, B., 1996, 'A new paradigm for the determination of money prices', in Deleplace and Nell: 104—138.

Schmitt B. and Greppi, S., 1996, 'The national economy studied as a whole', in Deleplace and Nell: 341—364.

Schneider, E., 1962, *Money, Income and Employment*, London, Allen & Unwin.

Schumpeter, J.A., 1934 [1911], *The Theory of Economic Development*, Cambridge, MA, Harvard University Press. (1st German edn, Munich, Duncker & Humblot, 1911)

Schumpeter, J.A., 1939, *Business Cycles*, New York, McGraw-Hill.

Schumpeter, J. A., 1954, *History of Economic Analysis*, Oxford, Oxford University Press.

Schumpeter, J. A., 1970, *Das Wesen des Geldes*, edited by F. K. Mann, Göttingen, Vandenhoeck & Ruprecht.

Screpanti, E., 1993, *Capital accumulation and the monetary circuit*, Rome, CNR/IDSE.

Simiand, F., 1932, *Le salaire*, *Parigi*, Alcan.

Sismondi, J. Ch., 1810, *Du papier monnaie et des moyens de le supprimer*, Weimar, Landes-Industrie-Comptoir.

Sismondi, J. Ch., 1991[1819], *New Principles of Political Economy*, New Brunswick, NJ, Transaction Publishers.

Smith, A., 1993[1776], *An Inquiry into the Nature and Causes of the Wealth of Nations*, Oxford, Oxford University Press.

Smithin, J., 1994, *Controversies in Monetary Economics*, Aldershot, Edward Elgar.

Smithin, J. (ed.), 2000, *What is Money?*, London, Routledge.

Stiglitz, J., 1999, 'Towards a new paradigm for monetary economics', Milan, Università Bocconi, Mattioli Lecture Series, mimeo.

Studart, R., 1995, *Investment Finance in Economic Development*, London, Routledge.

Sylos Labini, P., 1948, 'Saggio dell'interesse e reddito sociale', Rome, Accademia Nazionale dei Lincei, *Rendiconti*, Series VIII, vol.3, nos.11—12.

Tobin, J., 1963, 'Commercial banks as creators of money', in Carson, D. (ed.), *Banking and Monetary Studies*, Homewood, IL, Irwin: 408—419.

Tobin, J., 1980, 'Asset accumulation and economic activity', Oxford, Blackwell.

Tobin, J., 1982a, 'The commercial banking firm', *Scandinavian Journal of Economics*, 84:495—530.

Tobin, J., 1982b, 'Money and finance in the macroeconomic process', *Journal of Money*, *Credit*, *and Banking*, 14:171—204.

Tobin, J., 1986, 'On the welfare macroeconomics of government financial policy', *Scandinavian Journal of Economics*, 88:9—24.

Tobin, J., 1992, 'Money', in Newman, P., Milgate, M. and Eatwell, J.

(eds.), *The New Palgrave Dictionary of Money and Finance*, vol. 2, London, Macmillan: 770—779.

Thornton, H., 1939[1811], 'Two speeches on the Bullion Report', reprinted as an appendix to Hayek, F. A. (ed.), *An Enquiry into the Nature and Effects of the Paper Credit in Great Britain*, London, LSE, 1939, pp.335—378.

Villieu, P., 1993, 'Les modèlesà encaisses préalables: un renouveaúdes fondements microéconomiques de la macroéconomie monétaire?', *Revue d'économie politique*, 103, 5:613—694.

von Mises, L., 1928, *Geldwertstabilisierung und Konjunkturpolitik*, Jena, Fischer Verlag.

von Mises, L., 1934[1912], *The Theory of Money and Credit*, London, Jonathan Cape.

Walras, L., 1954[1926], *Elements of Pure Economics*, translated by W. Jaffé, London, Allen & Unwin.

White, L. H., 1984, 'Competitive monetary reform: a review essay', *Journal of Monetary Economics*, 26:192—202.

Wicksell, K., 1936[1898], *Interest and Prices*, London, Macmillan, 1936. (1st German edn, Jena, Fischer Verlag, 1898)

Wray, L. R., 1990, *Money and Credit in Capitalist Economies. The Endogenous Money Approach*, Aldershot, Edward Elgar.

Wray, L. R., 1993, 'The monetary macroeconomics of D. Dillard', *Journal of Economic Issues*, 27:547—560.

Wray, L. R., 1996, 'Money in the circular flow', in Deleplace and Nell: 440—464.

Wray, L. R., 1998, *Understanding Modern Money*, Aldershot, Edward Elgar.

人名索引及译名 *

---

* 人名后的标注是指人名出现的章节。

140

图书在版编目(CIP)数据

货币生产理论 /（意）奥古斯都·格雷泽尼著；张明海译. — 上海：格致出版社：上海人民出版社，2024.6
（当代经济学系列丛书 / 陈昕主编. 当代经济学译库）
ISBN 978 - 7 - 5432 - 3554 - 0

Ⅰ.①货… Ⅱ.①奥… ②张… Ⅲ.①货币理论
Ⅳ.①F820

中国国家版本馆 CIP 数据核字(2024)第 055535 号

责任编辑　程　倩　姚皓涵
美术编辑　王晓阳

货币生产理论

[意]奥古斯都·格雷泽尼　著
张明海　译

出　版	格致出版社	
	上海三联书店	
	上海人民出版社	
	(201101　上海市闵行区号景路 159 弄 C 座)	
发　行	上海人民出版社发行中心	
印　刷	上海商务联西印刷有限公司	
开　本	710×1000　1/16	
印　张	10.25	
插　页	2	
字　数	134,000	
版　次	2024 年 6 月第 1 版	
印　次	2024 年 6 月第 1 次印刷	

ISBN 978 - 7 - 5432 - 3554 - 0/F · 1566

定　价　52.00 元

This is a Simplified Chinese Translation edition of the following title published by Cambridge University Press:

The Monetary Theory of Production

ISBN 9780521104173

© Augusto Graziani 2003

This Simplified-Chinese Translation edition for the People's Republic of China (excluding Hong Kong, Macau and Taiwan) is Published by arrangement with the Press Syndicate of the University of Cambridge, Cambridge, United Kingdom.

© Cambridge University Press and Truth & Wisdom Press 2024

This Simplified Chinese Translation edition is authorized for sale in the People's Republic of China (excluding Hong Kong, Macau and Taiwan) only. Unauthorised export of this translation may be reproduced of distributed by any means, or stored in a database of retrieval system, without the prior written permission of Cambridge University Press and Truth &. Wisdom Press.

Copies of this book sold without a Cambridge University Press sticker on the cover are unauthorized and illegal.

本书经授权译自英文版 *The Monetary Theory of Production*

ISBN：9780521104173

Augusto Graziani　著

Cambridge University Press 2003 年出版

本书中文简体字版由剑桥大学出版社授权格致出版社合作出版。

此版本仅限在中华人民共和国境内（不包括香港、澳门特别行政区及台湾省）销售。

未经许可，本书任何一部分不得以任何形式或任何方式复制或传播。

版权所有，侵权必究。

本书封面贴有 Cambridge University Press 防伪标签，无标签者不得销售。

上海市版权局著作权合同登记号：图字 09-2024-0028

当代经济学译库